Die schönsten Rodelbahnen rund um Innsbruck – Übersicht

Florian Egger

Die schönsten Rodelbahnen rund um Innsbruck

40 begeisternde Routen

lœwenzahn

Liebe Rodelfreunde!

Rodeln ist lässig – egal ob in der großen Runde, mit der Familie oder schnell noch am Abend nach der Arbeit. Innsbruck ist eine einzigartige Stadt, wo man in kürzester Zeit rodeln gehen kann. Dieser Führer soll die allermeisten Rodelbahnen vorstellen, die von Innsbruck aus schnell erreichbar sind. Von der sonnigen Familienbahn bis zur unendlich langen liftunterstützten Abfahrt ist alles vertreten. Manche Bahn kennt fast jeder, die eine oder andere ist noch weitgehend unbekannt. Meist sorgen die Hüttenwirte oder andere engagierte Rodelfreunde dafür, dass die Rodelbahnen gut präpariert und auch nach starken Schneefällen gleich wieder befahrbar sind. Bei manchen Wegen wurden auch Beleuchtungsanlagen installiert, damit die Bahnen in der Nacht ohne eigene Lampe befahren werden können. Die Parkplätze werden auch immer besser gepflegt und vor allem geräumt, deshalb wird allerdings oft auch für das Parken Geld verlangt. Da man beim Rodeln aber nicht unbedingt aufs Auto angewiesen ist, finden sich bei vielen Tourentipps auch Hinweise für die Anfahrt mit öffentlichen Verkehrsmitteln – den exakten Fahrplan kann man im Internet unter www.ivb.at oder www.oebb.at abfragen.

An dem Rodelboom der letzten Jahre sicher nicht unbeteiligt waren Dieter Ebner und Lorenz Kerer, die im Jahr 2000 die vielen Bahnen rund um Innsbruck in einem ersten Rodelführer zusammengefasst haben. Parallel dazu entstanden auch im Internet die ersten hilfreichen Seiten übers Rodeln: Das Projekt www.winterrodeln.org wurde im Winter 1996/97 gestartet. Damals hatten Manfred Gaber und Philipp Spitzer die Idee, eine Liste mit ihren Lieblingsrodelbahnen ins noch junge Internet zu stellen und sie mit einer aktuellen Schneelageinformation zu versehen. Unentgeltlich arbeitet bis heute ein kleines Freiwilligenteam an dieser Seite.

Der vorliegende Führer soll zum Schmökern nach der perfekten Bahn dienen, und auch am später folgenden Weg zur Rodelbahn kann man darin schnell und unkompliziert nachschlagen. Zu jeder Bahn gibt es auch tolle Bilder, die Lust aufs Rodeln machen – manche davon stammen von Mathias, Philipp, Lisa und Anna – ein großes Danke! Im Web kann man die genaue Bahnbeschaffenheit nachlesen bzw. auch nachtragen. So kann dann (fast) nichts mehr schiefgehen!

Zum Gebrauch dieses Führers

Bei jeder der 40 Tourenbeschreibungen erfährt man auf den ersten Blick die wichtigsten Informationen, und zwar:

ob es eine im Winter geöffnete Einkehrmöglichkeit bei der Tour gibt,

ob eine Rodelbahn in der Nacht beleuchtet ist,

ob man – beim Ausgangspunkt oder bei der Hütte – eine Rodel leihen kann

sowie ob es eine Aufstiegshilfe wie Lift, Ratrac o.ä. gibt und ob die Rodelbahn über getrennte Aufstiegs- und Abfahrtsrouten verfügt.
Die Gehzeiten für den Aufstieg verstehen sich als Richtwerte – die tatsächliche Aufstiegszeit kann davon natürlich abweichen und hängt von unterschiedlichen Faktoren (Kondition, Gruppengröße und -zusammensetzung, Wetter, Schneeverhältnisse) ab.

Kleine Rodelcheckliste

Damit man nichts vergisst, hier eine kleine Checkliste:

☐ Rodel
☐ Rucksack
☐ Handschuhe
☐ Jacke
☐ Brille
☐ Helm
☐ Gamaschen
☐ Lampe
☐ Getränk
☐ Banane oder Müsliriegel für die Stärkung zwischendurch

Rodeltipps

Die Rodel:

Die Auswahl, die Sport- und Spezialgeschäfte anbieten, ist enorm und reicht von professionellen Rennrodeln mit messerscharfen Kanten bis zu gutmütigen Familienrodeln. Was man davon auswählt, ist eine Geschmacks- und Geldfrage, achten sollte man auf eine solide Verarbeitung, v.a. von Kanten und Sitz. Ein Lenkriemen (ev. aus Leder) bei der Rodel erleichtert das Steuern bei der Abfahrt, ebenso nach innen gekantete Schienen.
Ebenso wichtig wie die Auswahl der Rodel ist die Lagerung: immer stehend, trocken und gut belüftet lagern, die Schienen nach jeder Tour trocknen und wachseln und der Rodel hin und wieder einen Service gönnen (am besten über den Sommer beim Rodelhersteller). Verrostete Kufen kann man mit Schleifpapier (Körnung 60–100) wieder fit machen, dann gut wachseln.

Das Lenken:

Linkskurve:
Fuß: Mit dem linken Fuß die linke Kufe entlasten, mit dem rechten Fuß die Kufe belasten und nach unten (und leicht nach innen) drücken.
Hand: Mit der rechten Hand den Gurt links nach hinten/oben ziehen. Linke Hand auf die Kurveninnenseite.
Oberkörper: nach links hinten beugen.
Rechtskurve: Klingt genauso kompliziert, nur anders herum …

Viel Freude beim Rodeln wünscht euch
Flo Egger!

Sicherheitstipps

Die folgenden Sicherheitstipps sind v.a. bei Touren wichtig, bei denen Aufstiegs- und Abfahrtsweg gleich sind:

- ➔ Beim Aufstieg immer am Rand gehen (Kurveninnenseite) und in Gruppen hintereinander gehen.
- ➔ Hunde immer an der kurzen Leine führen.
- ➔ An unübersichtlichen Stellen nicht stehenbleiben.
- ➔ Besondere Vorsicht ist geboten bei Rodelbahnen, die auch von Autos befahren werden.
- ➔ Die Fahrtgeschwindigkeit den äußeren Verhältnissen und dem eigenen Können anpassen und „auf Sicht“ fahren.
- ➔ Alkohol setzt das Reaktionsvermögen hinab und gleichzeitig die Risikobereitschaft hinauf – „don’t drink and drive!“
- ➔ Bei Dunkelheit ausschließlich auf beleuchteten Rodelbahnen oder mit Stirn-/Taschenlampen abfahren.

1 Rumer Alm

→ teilweise getrennter Aufstiegsweg

Für Sonnenhungrige, die in Stadtnähe eine Rodelbahn mit schönen Kehren und rasanten Geraden suchen, ist die Rodelbahn der Rumer Alm ein ideales Ausflugsziel. Diese schöne Mittelgebirgstour lässt sich auch noch nach einem anstrengenden Arbeitstag schnell und mühelos erreichen.

Ausgangspunkt: Hochrum bei Innsbruck, Parkplatz hinter Gasthof Canisiusbrünnl, 740 m

Länge: 3,9 km

Höhendifferenz: 500 m

Gehzeit: 80 min

Kontakt: 0512/263235 (0664/2019915), Tourismusverband Rum

Eine der Innsbruck am nächsten gelegenen Rodelbahnen ist die Rumer Alm. Deshalb ist sie sehr beliebt und wird häufig begangen. Aufgrund ihrer sonnigen Lage ist sie auch an kalten und windigen Tagen für einen Ausflug bestens geeignet. Vor dem Aufbruch lohnt es sich aber, die Schneelage zu erfragen.

Der Aufstieg beginnt beim Parkplatz, von dem aus man entweder den westlichen Weg nehmen oder, wenn man ganz auf der östlichen Seite geparkt hat, einfach gerade aus hinauf gehen kann, bis man auf die Bahn trifft. Nach ca. 10 Gehminuten kommt man zur Kreuzung „Siebenweg“, bei der man dem Wegweiser folgend in Richtung Rumer Alm weitergeht. An dieser Stelle wird die Strecke zunächst flacher, aber man sollte sich nicht zu früh freuen, denn im weiteren Verlauf des Weges wird es wieder steiler! Bei der Hälfte der Etappe kann man leicht bergab zur Enzianhütte abzweigen. Diese liegt zwar nicht so sonnig wie die Rumer Alm, aber dafür gibt es dort Platz zum Spielen für die kleineren Rodler. Weiter geht's, begleitet von einer gewaltigen Aussicht in die Arzler Reise. Sobald man die fünf Kehren hinter sich gebracht hat, taucht auf der rechten Seite die Rumer Alm auf. Diese steht in sonniger Südhang-Lage am Fuße der Nordkette und trumpft vor allem durch eine traumhafte Terrasse.
Nach dem kurzen Anstieg retour beginnt eine angenehm zu befahrende Rodelroute mit vielen schönen Kehren und langen schnellen Geraden. An einem sonnigen Wochenende kann die Bahn durch die vielen Besucher vor allem im letzten Stück sehr schnell werden. Achtung ist auch im Lawinenstrich, wo die Sonne stark scheint, geboten, denn hier könnte es eisig oder aper sein. Ideal für einen Kurztrip nach der Arbeit und als Ziel für Sonnenhungrige – das ist die Rumer Alm!

Anfahrt: Wenn man mit dem Pkw unterwegs ist, begibt man sich vom Stadtzentrum Innsbruck

aus ostwärts nach Rum und dort weiter Richtung Sanatorium. Hat man dieses hinter sich gelassen, hält man sich rechts und fährt bis zum Beginn des Fahrverbots. Hier befindet sich links ein großer neuer Parkplatz mit ausreichenden Kapazitäten, bei dem man auch an betriebsamen Tagen ohne Probleme sein Fahrzeug abstellen kann.
Unkompliziert und praktisch ist auch die Anreise mit öffentlichen Verkehrsmitteln. Mit der Linie A der Innsbrucker Verkehrsbetriebe fährt man in Richtung Sanatorium und steigt bei der Endstation aus (ca. 5 Minuten Gehzeit bis zum Ausgangspunkt). Auch Linie D/E bringt Rodelfans nach Rum: Haltestelle „Murstraße“ an der Dörferstraße, zum Ausgangspunkt sind ca. 15 Minuten Gehzeit zu rechnen.

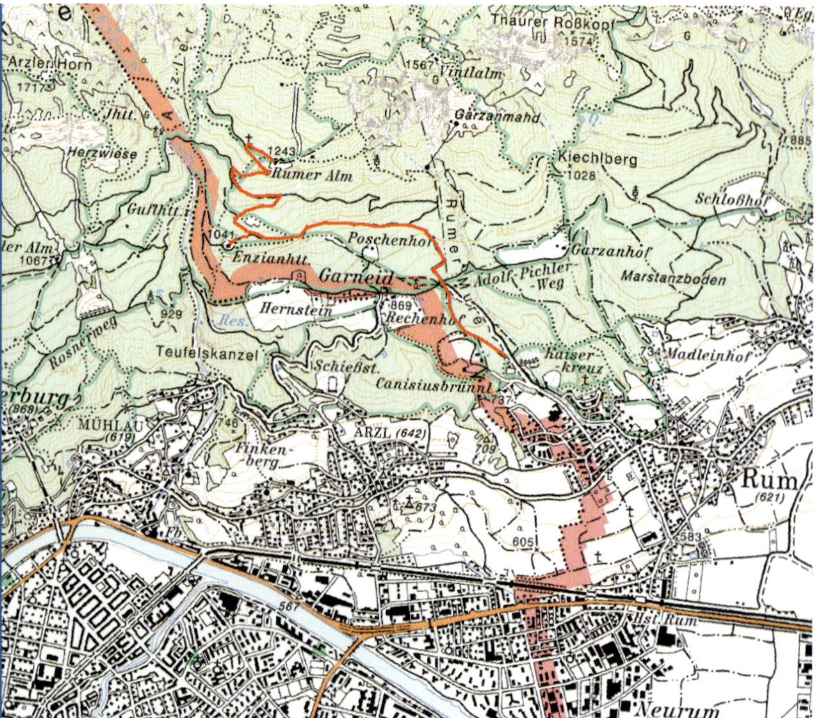

2 Halltal

→ teilweise getrennter Aufstiegsweg

Das traumhafte Karwendelpanorama lässt vergessen, dass man sich hier nur wenige Kilometer von Innsbruck entfernt befindet. Darüber hinaus bietet die Bahn ein imposantes Steilstück, das auch für geübte Rodler eine Herausforderung darstellt.

Ausgangspunkt: Absam, nördlich von Hall in Tirol, Parkplatz am Eingang des Halltals, 790 m
Länge: 5 km
Höhendifferenz: 497 m
Gehzeit: 80 min
Kontakt: 0664/9252913, Gasthaus St. Magdalena

Ein Ausflug ins Halltal eröffnet allen Bergbegeisterten einen unvergesslichen Anblick der rauen Seiten des Karwendels: steile Hänge, enge Schluchten und schroffe, beinahe senkrecht aufsteigende Felswände. Man taucht ein in eine einsame, beinahe unberührt erscheinende Berglandschaft und lässt den grauen Alltag hinter sich.

Die Rodelbahn verläuft entlang des Halltalbaches, ist durch die schattige Lage überdurchschnittlich schneesicher und wird verlässlich geräumt. Nicht nur deshalb, sondern auch wegen der guten Erreichbarkeit ist diese Strecke sehr bliebt. Nach besonders starken Schneefällen ist es empfehlenswert, sich zu informieren, ob Lawinengefahr besteht. (In solchen Fällen kann man als Alternative die Bahn des Absamer Rodelvereins ins Auge fassen, deren knapp 150 Höhenmeter hervorragend präpariert und abgesichert sind.)
Der Aufstieg beginnt taleinwärts entlang jenem Weg, dem schon die Knappen vor fast einem Dreivierteljahrtausend gefolgt sind. Während der gesamten Strecke

begegnet man immer wieder Relikten aus der Zeit des Salzabbaus, der erst 1967 eingestellt wurde. Nach den ersten paar hundert Metern lässt man den offenen Lawinenschranken hinter sich und der Weg beginnt immer steiler zu werden. Kurz nach der Wasserfassung auf der anderen Seite des Baches erreicht man das Herzstück dieser Bahn, die Passage mit einer Steigung von über 30 %! Hat man diesen Abschnitt bewältigt, ist die größte Anstrengung auch schon geschafft. Nach einer weiten Linksbiegung kann man beim großen Parkplatz links das erste Ziel, das ehemalige Kloster St. Magdalena, heute eine beliebte Einkehrmöglichkeit, ansteuern. Geradeaus und 200 Höhenmeter weiter liegen die Herrenhäuser. Auch hier steigt der Weg noch beachtlich an. Oberhalb der leider durch eine Lawine beschädigten Herrenhäuser liegt das Knappenhäusl samt Kapelle. Der Eingang ist nicht leicht als solcher zu identifizieren, aber man muss sich nur trauen und auch durch die zweite Türe gehen. Drinnen erwartet die Besucher eine urige Atmosphäre und man fühlt sich beinahe so, als ob man in die Bergbauzeit zurückversetzt wurde, denn bis auf den Kühlschrank und die Bierkisten hat sich nicht viel verändert. Um hier auch an gut besuchten Tagen Platz zu finden, muss man manch-

mal ein bisschen enger zusammenrücken.
Die Abfahrt ist der Steigung entsprechend vor allem unterhalb von St. Magdalena sehr rasant! Kontrolliertes Bremsen in den Kurven und eine konzentrierte Führung der eigenen Rodel sind oberstes Gebot für diese spannende und anspruchsvolle Rodelpartie.

Anfahrt: Über Hall, der Beschilderung folgend, nach Absam. Dort fährt man die grad nach oben verlaufende Salzbergstraße in Richtung Halltal entlang.
Am Ende der Siedlung gibt es vor dem Beginn des Fahrverbots einige kostenlose Parkmöglichkeiten.
Wer sich die Suche nach Parkplätzen ersparen will, kann von Innsbruck aus den Bus der Linie E Richtung „Eichat Föhrenwald" nehmen. Die Haltestelle Bettelwurfsiedlung liegt etwas unterhalb des Einstiegs in die Rodelbahn.

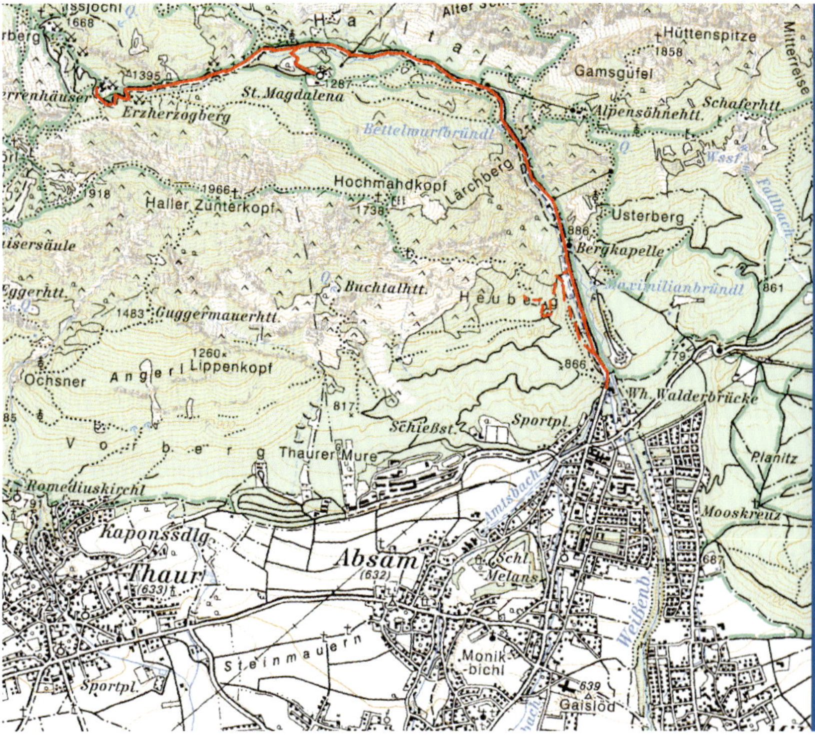

3 Weidener Hütte

Diese Route bietet sonniges Wintersportvergnügen für die ganze Familie. Ohne extreme Steigungen präsentiert sich eine der längsten und abwechslungsreichsten Rodelabfahrten Tirols, die Bahn der Weidener Hütte.

Ausgangspunkt: Parkplatz bei Innerst, Gemeinde Weerberg, 1260 m
Länge: 7,2 km
Höhendifferenz: 540 m
Gehzeit: 120 min
Kontakt: 05224/68529, Weidener Hütte

Die kleine Gemeinde Weerberg bietet oberhalb des Inntales eine der längsten Rodelbahnen mit über sieben Kilometern Länge. Auf dieser Bahn oberhalb des Weerbachs wird in der kalten Jahreszeit vor allem Familien mit Kindern viel Abwechslung geboten.

Um zur Weidener Hütte zu gelangen, startet man vom Parkplatz bei Innerst (oder Teglau). Der Anstieg von Innerst aus führt zuerst für ein kurzes Stück über einen schmalen Weg. Dieser Zugang zur Rodelbahn dauert ca. fünf Minuten, dann trifft man auf den Weg, der vom Parkplatz in Teglau hinaufführt. (Dieser kann als Alternative begangen werden.) Jetzt beginnt der Aufstieg entlang der Bahn mit einer gemächlichen Steigung, die jedoch bald in einen flachen und bequemen Weg übergeht. Zunächst führt einen diese Strecke durch einen dunklen Wald, doch mit zunehmender Höhe wird das Tal offener und freundlicher. Hat man die Waldgrenze überwunden, erreicht man bald das Ziel der Rodelpartie, die Weidener Hütte.

Diese ist traumhaft gelegen und wird nach mehreren Pächterwechseln wieder mit guter Bewirtung punkten. Hier genießt man die Gastfreundlichkeit der Wirtsleute und kann aus einer reichhaltigen Palette regionaler Köstlichkeiten wählen. Darüber hinaus lässt es sich bei Sonnenschein auf der Terrasse bestens entspannen.
Derart erholt und gestärkt kann man den Lohn des langen Aufstiegs umso mehr auskosten.
Die über sieben Kilometer lange, familienfreundliche Abfahrt startet mit angenehmen Kurven. Im Mittelstück wird es zweimal sehr flach, sodass viel Schwung und eine gut gewachste Rodel nötig sind, um hier durchfahren zu können. Nach dem letzten Flachstück geht es wieder flotter dahin. Wer in Innerst geparkt hat, sollte

die Abzweigung nicht verpassen. Wer in Teglau geparkt hat, kann bei guter Schneelage bis ganz hinunter rodeln. So oder so, insgesamt ist diese Bahn eine unterhaltsame Familienrodelpartie in wunderschöner Umgebung.

Anfahrt: Von Innsbruck aus nimmt man die A12 in östlicher Richtung bis zur Autobahnabfahrt Vomp. Von dort fährt man zunächst nach Weerberg und schließlich weiter taleinwärts bis nach Innerst beziehungsweise Teglau. Das Parken im niederer gelegenen Teglau ist gratis, in Innerst ist es am Wochenende gebührenpflichtig.
Eine direkte Zufahrt mit öffentlichen Verkehrsmitteln ist nicht möglich. Die nächstgelegene Haltestelle „Weerberg Berghof" ist zwei Kilometer entfernt.

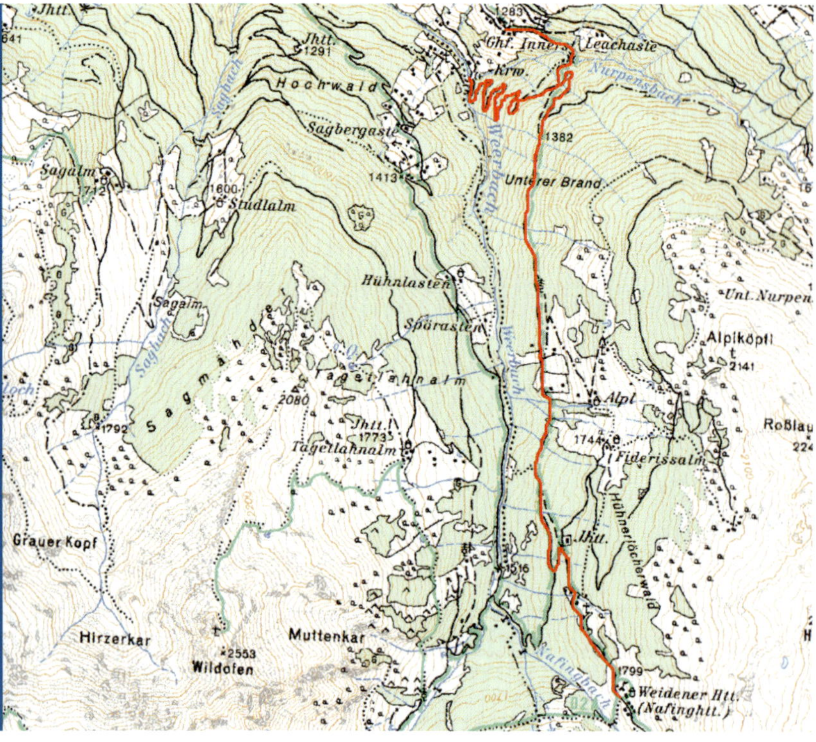

4 Rinner Alm

→ getrennter Aufstiegsweg

Diese Route führt Rodelfreunde in das östliche Mittelgebirge, wo die Rodelbahn der Rinner Alm in engen Serpentinen einen rasanten Kurs ins Tal bietet. Abwechslung und Sicherheit werden hier groß geschrieben, denn es gibt einen von der Bahn getrennten Aufstiegsweg zur gemütlichen Alm!

Ausgangspunkt: Rinn bei Tulfes, Waldparkplatz oberhalb des Gasthofs Arche, 960 m

Länge: 3,5 km

Höhendifferenz: 440 m

Gehzeit: 70 min

Kontakt: 05223/78409, Rinner Alm (Montag Ruhetag)

Mitten im Naherholungsgebiet von Innsbruck liegt auf einer schönen Sonnenterrasse die Gemeinde Rinn. Die gleichnamige, oberhalb der Ortschaft gelegene Alm hält nicht nur einen traumhaften Ausblick auf die gesamte Nordkette bereit, sondern auch eine bestens präparierte Rodelbahn. Direkt vom Ortszentrum aus kann man zu dieser sehr netten Tour starten. Der Weg auf die Rinner Alm beginnt am westlich Ende des Waldparkplatzes und führt zunächst am Eislaufplatz vorbei. Nach den ersten hundert Metern erreicht man die Abzweigung zum separaten Aufstiegsweg, der nach links abbiegt. Während des gesamten Verlaufs des Aufstiegs öffnen sich immer wieder Waldschneisen, die schöne Ausblicke auf die darunterliegende Ortschaft, das Inntal

und die Nordkette bereithalten. Dementsprechend abwechslungsreich verfliegt die Zeit und nach ca. einer Stunde gelangt man zum höchsten Punkt des Aufstiegsweges, noch bevor man beim Ziel dieser Route, der Rinner Alm, angekommen ist. Aufmerksamkeit ist gefragt, nicht selten sind Rodler trotz der Beschilderung noch ein paar extra Höhenmeter gegangen. Doch auch diese ist nicht mehr weit und bereits nach einem kurzen Abstieg erreicht. (Ein alternativer und schnellerer Aufstieg ist für alle, denen es nichts ausmacht ihre Rodel zu tragen, über den Rinner Almsteig möglich. Jedoch ist dieser nur bei wenig Schnee problemlos begehbar.)

Die urige Almhütte ist zwar klein, dafür aber umso gemütlicher. Eine Attraktion der Rinner Alm, neben der guten Küche, ist die Kinderalm. So sind auch die jüngsten Gäste bestens unterhalten. Bei genügend Sonnenschein kann man auch vor der Alm Platz nehmen, bevor es wieder zurück ins Tal geht.

Die Abfahrt auf der separierten Rodelbahn startet Richtung Westen und bietet für Nachtfahrten eine Beleuchtung (Dienstag bis Samstag). Die Bahn wurde mit großem Einsatz erneuert und wird hervorragend gepflegt, was man in jeder einzelnen Kurve merkt. Gut gesichert und einwandfrei präpariert rodelt man zügig und serpentinenreich dahin – ein Vergnügen, das leider viel zu schnell vorübergeht.

Anfahrt: Vom Zentrum Innsbrucks aus fährt man in Richtung Autobahnauffahrt Innsbruck Mitte. Beim dortigen Kreisverkehr folgt man der Beschilderung nach Aldrans und hier links weiter nach Rinn. Im Zentrum der Gemeinde Rinn (links Kirche) geht der Weg beim Gasthof Arche rechts hinauf zum gebührenpflichtigen Waldparkplatz.

Von Hall kommend fährt man auf der Bundesstraße über Tulfes nach Rinn.
Die Anfahrt ist auch mit öffentlichen Verkehrsmitteln empfehlenswert. Ab dem Innsbrucker Busbahnhof verkehren in regelmäßigen Abständen Postbusse zwischen Innsbruck und Rinn, die gegenüber der Kirche halten. Zu Fuß geht man dann Richtung Wald und erreicht nach ca. fünf Minuten den Einstieg in die Rodelbahn.

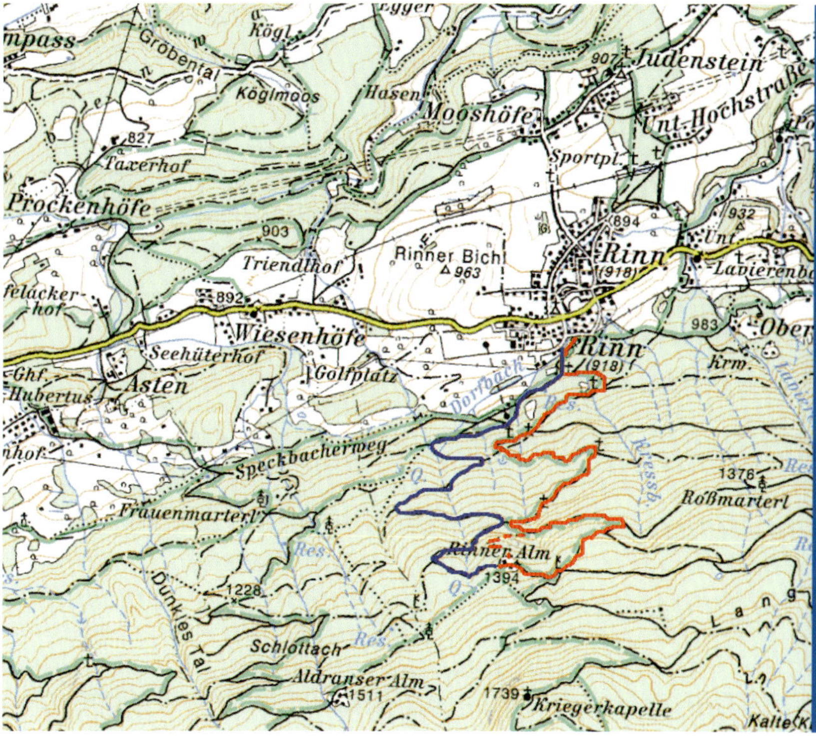

Route 4 Rinner Alm

5 Sistranser Alm

Inmitten der weitläufigen Hänge der Mittelgebirgsterrasse liegt am Fuße des Patscherkofels die Sistranser Alm. Sie ist in kürzester Zeit von Innsbruck aus zu erreichen und wartet mit einer fahrtechnisch interessanten Rodelbahn auf. Hier lässt sich das eigene Können auf der Rodel unter Beweis stellen!

Ausgangspunkt: Sistrans, Parkplatz oberhalb des Gemeindeamts, 978 m

Länge: 5 km

Höhendifferenz: 630 m

Gehzeit: 100 min

Kontakt: 0664/5509484, Sistranser Alm

Wegen der geringen Entfernung zur Stadt und der freundlichen Bewirtung ist die Sistranser Alm ein beliebtes Ausflugsziel der Innsbrucker. Die sogenannte „Sischtiger" bietet sich perfekt für eine rasante Rodelpartie auch nach einem anstrengenden Arbeitstag an. Falls es schon dunkel wird, ist aber eigene Beleuch-

tung gefragt. Besonders praktisch ist es, dass gleich beim Parkplatz angeschrieben wird, ob die Alm geöffnet ist.
Bereits von Anfang an führt der Weg steil nach oben und verschenkt definitiv keine Höhenmeter. Zunächst geht man einige kleinere Kurven der Bahn entlang bergauf. Wenn man auf die erste Kehre trifft, hat man schon ein beträchtliches Stück des Weges hinter sich gebracht. Daraufhin wird es stellenweise etwas flacher. Hier gibt es dann auf der linken Seite mehrere Male tolle Ausblicke auf Innsbruck und Hall zu erhaschen. Diese gibt der sonst recht dichte Wald, durch den die Bahn führt, immer wieder frei. Nach der zweiten von den drei Kehren der Bahn besteht die Möglichkeit, rechts eine Abkürzung, die direkt zur Alm hinaufführt, zu nehmen.
Auf der Sistranser Alm angekommen, kann man sich in der gemütlichen Stube aufwärmen und von gutem Essen verwöhnen lassen. Auch eine bequeme Terrasse ist vorhanden. Die Alm liegt sehr schön an einer Lichtung mit toller Aussicht auf die sich gegenüber erstreckende Nordkette.
Nach der gemütlichen Einkehr erwartet einen die Belohnung des Aufstiegs mit anspruchsvoller Steigung – eine attraktive Abfahrt! Diese beginnt zunächst mit ca. 20 gemächlicheren Startmetern, die in die erste Linkskehre gefolgt von schnittigen Kurven führen. Wer rasante Rodelpartien zu schätzen weiß, kommt hier so richtig auf

seine Kosten. Im unteren Teil wird die Bahn immer schneller, weshalb bei eisigen Verhältnissen entsprechende Vorsicht geboten ist.

Anfahrt: Vom Zentrum Innsbrucks aus fährt man in Richtung Autobahnauffahrt Innsbruck Mitte. Beim dortigen Kreisverkehr folgt man der Beschilderung nach Aldrans, weiter nach Lans und dort links zur Gemeinde Sistrans. In Sistrans biegt man bei der T-Kreuzung links ab, um anschließend gleich wieder den Almweg rechts hinauf zu nehmen.
Die Anfahrt ist auch mit öffentlichen Verkehrsmitteln möglich. Ab dem Innsbrucker Busbahnhof verkehren in regelmäßigen Abständen Postbusse zwischen Innsbruck und Sistrans. Die Haltestelle „Sistrans Postamt“ ist mit 500 Metern Entfernung dem Einstieg zur Rodelbahn am nächsten gelegen.

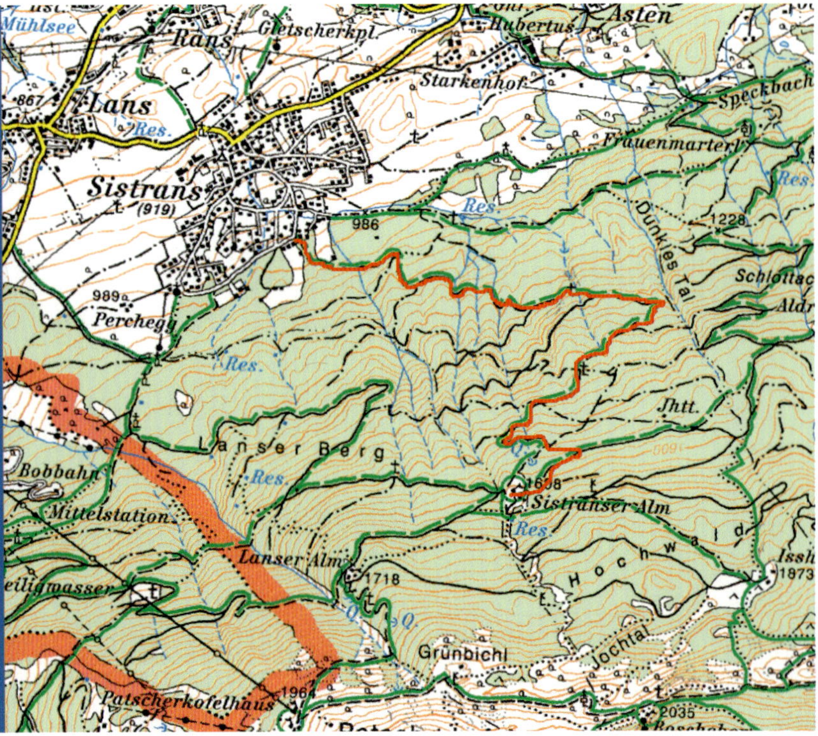

6 Patscher Alm

Der Weg auf die Patscher Alm beschert den rodelbegeisterten Besuchern eine flüssige und dennoch einfach zu befahrende Route mit beachtlicher Länge. Die ausgesprochen gemütliche Alm mit lauschiger Atmosphäre liegt auf einem schönen Plateau, von dem man einen beeindruckenden Blick auf Stubai-, Wipp- und Inntal genießt.

Ausgangspunkt: Ortsteil Gstill in Patsch (beschildert), 1034 m

Länge: 4,9 km

Höhendifferenz: 660 m

Gehzeit: 120 min

Kontakt: 0664/5406645, Patscher Alm (Montag geschlossen, außer Feiertag)

Die Gemeinde Patsch dehnt sich auf einer sonnenverwöhnten Mittelgebirgsterrasse am Fuße des Patscherkofels über insgesamt sieben Ortsteile aus. Neben dem wohl bekanntesten Bauwerk auf Gemeindegebiet, der 190 Meter hohen Europabrücke, ist die Ortschaft auch aufgrund ihrer land-

schaftlich reizvollen Umgebung, die zahlreiche Freizeitaktivitäten ermöglicht, beliebt. Ein davon ist das Rodeln von der Patscher Alm. Nach den ersten Metern auf der Straße folgt man dem Almweg, der entlang einer Lichtung bergauf führt. Nach kurzer Zeit kommt eine Abzweigung, bei der es links in Richtung Heiligwasser geht, aber wir bleiben hier rechts auf dem Weg Nr. 31. Mit der Rodel im Schlepptau folgt man der gleichmäßig ansteigenden Bahn hinauf zur Alm. Dabei passiert man immer wieder sonnige Wegabschnitte, bewältigt viele Kurven und Serpentinen und genießt die Aussicht auf die Stubaier Alpen. An zwei Stellen wird die Skipiste gequert. Von dort verirren sich auch manchmal Skitouristen auf den Rodelweg. Nach der vierten Kehre erreicht man eine Lichtung, bei der es bei Föhnwind ziemlich stürmisch werden kann – doch das ist weiter kein Problem, denn die Hütte ist nur mehr eine Kehre weit! Hat man auch diese erfolgreich hinter sich gebracht, kann man sich am schönen Ausblick vom sonnigen Plateau erfreuen. Hüttenfreunde werden die gemütliche Einkehr in die gut beheizte, kleine Stube und die Gastfreundlichkeit der Wirtsleute zu schätzen wissen. Zwar bietet die Patscher Alm nur eine beschränkte Anzahl an Sitzplätzen im Inneren, dafür ist aber der ursprüngliche Charakter der Hütte erhalten geblieben und diese Rodelpartie noch nicht zum Ziel für die Massen geworden. Außerdem kann man sich bei Sonnenschein auch auf der angenehmen Terrasse niederlassen, die sich Rodler und Skifahrer miteinander teilen.
Die Abfahrt zählt zu den durchgängigsten und lohnendsten: keine Flachstücke, immer ausreichend Geschwindigkeit und viele Serpentinen, Kehren und weiche Kurven! Vorsicht bei den Querungen der Skipisten und Achtung: die Abfahrt wird nicht regel-

mäßig präpariert und kann nach stärkeren Schneefällen schwer zu befahren sein.

Anfahrt: Nach Patsch gelangt man entweder über die mautpflichtige Brennerautobahn, Abfahrt Patsch, oder über Igls, das vom Kreisverkehr bei der Autobahnab- bzw. -auffahrt Innsbruck Mitte aus angeschrieben ist. Im Ortszentrum von Patsch fährt man beim Kindergarten beziehungsweise der ersten Kreuzung links hinauf zum Ortsteil Gstill – allerdings kann man hier fast nirgends parken, vor allem dort wo Privatgrund steht sollte man auf keinen Fall sein Auto abstellen. Bessere Parkmöglichkeiten bestehen ein paar Meter links oder rechts der Abzweigung auf der alten Brennerstraße.
Auch in der Nähe des Grünwalderhofs kann man entlang der Straße parken. Von dort lässt sich der Ausgangspunkt über einen Weg in ca. 10 Gehminuten erreichen. Auf dieser Verbindungsstrecke kann allerdings nur zum Teil gerodelt werden.
Aufgrund der Parkplatzsituation ist die Anfahrt mit öffentlichen Verkehrsmitteln empfehlenswert. Mit dem Bus Richtung Ellbögen, bei der Haltestelle in der Ortsmitte von Patsch aussteigen.

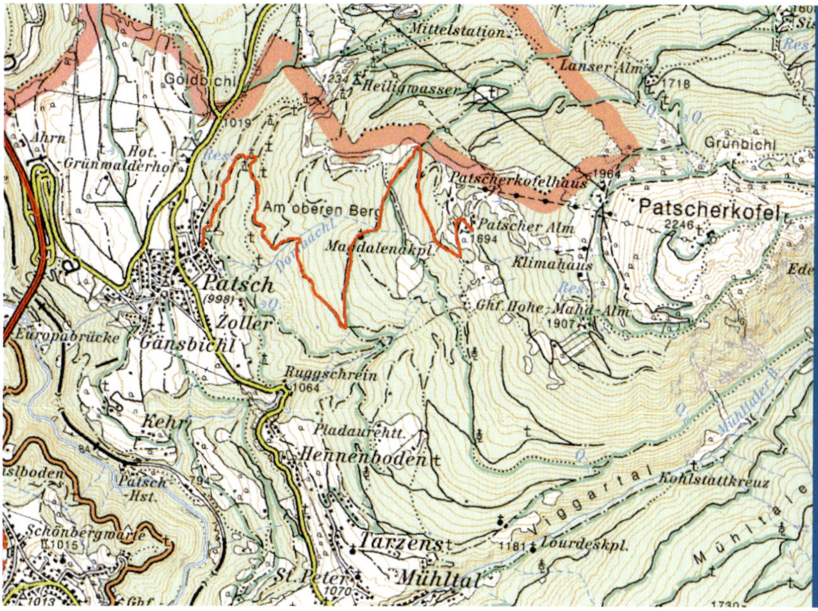

7 Heiligwasser

Ein kurzer Aufstieg und eine einfache Abfahrt – so ist diese Route nahe Innsbruck bei guter Schneelage für Familien bestens geeignet. Deshalb ist diese Bahn auch fast jedem Innsbrucker Rodler bekannt.

Ausgangspunkt: Talstation des Olympiaexpress in Igls, oberhalb des oberen Parkplatzes, neben der kleinen Kapelle, 1000 m

Länge: 1,8 km

Höhendifferenz: 240 m

Gehzeit: 30 min

Kontakt: 0512/377171, Alpengasthof Heiligwasser

Am Fuße des Patscherkofels befindet sich die Olympiabob- und -rodelbahn.

Für alle nicht ganz so professionellen Rodler bietet sich mit der Bahn von Heiligwasser die bessere Alternative. Hier sind viele Innsbrucker zum ersten Mal gemeinsam mit ihren Eltern auf einer Rodel gesessen.

Der Aufstieg entlang der Bahn beginnt bei der kleinen Schwellerkapelle oberhalb des Parkplatzes des Olympiaexpress und quert bereits nach kurzer Zeit die Skipiste. Danach folgt man dem Weg weiter, lässt eine Kehre hinter sich und erreicht bereits nach ca. einer halben Stunde Gehzeit den Alpengasthof Heiligwasser und die gleichnamige Wallfahrtskirche, die man in Innsbruck und Umgebung schon von Weitem sieht. Aufgrund der Beliebtheit von Gasthof und Kirche als Ausflugsziel, nicht nur für Rodler, ist man an sonnigen Wochenenden immer in bester Gesellschaft und trifft meist sogar auf Bekannte, Freunde und solche, die es noch werden können. Dem Wasser der dortigen Quelle sagt man eine heilende Wirkung nach, weshalb es nicht nur gerne vor Ort getrunken, sondern auch häufig für eine spätere Verwendung abgefüllt wird. Gestärkt durch ausgezeichnete Spezialitäten der Tiroler Küche und/oder durch einige Schlucke des heilenden Quellwassers, kann die Abfahrt – unter dem Motto kurz, aber gut – beginnen.
Die Rodelbahn am Innsbrucker Hausberg zeichnet sich durch ein leichtes, aber konstantes Gefälle aus. Besondere Vorsicht ist lediglich beim Queren der Piste geboten! Wer wieder zurück zum Olympiaexpress kommen will, nimmt gegen Ende der Strecke einfach wieder die Abzweigung zum Weg, von dem man gekommen ist.

Anfahrt: Vom Stadtzentrum Innsbrucks aus fährt man zur Autobahnauffahrt Innsbruck Mitte. Beim dortigen Kreisverkehr folgt man dann der Beschilderung in Richtung Igls. In der Gemeinde angekommen, nimmt man die Straße nach Patsch. An der Kreuzung der Römerstraße biegen Sie links ab und fahren bis zur Talstation des Olympiaexpress (gebührenpflichtiger Parkplatz). Alternativ stehen einige wenige Parkplätze an der Römerstraße beim Beginn des Fahrweges nach Heiligwasser zur Verfügung. Aber auch mit öffentlichen Verkehrsmitteln ist diese Rodelbahn problemlos zu erreichen. Die Linie J (Olympiaexpress) der Innsbrucker Verkehrsbetriebe bringt Rodelfans tagsüber im Halbstundentakt direkt zum Ausgangspunkt.

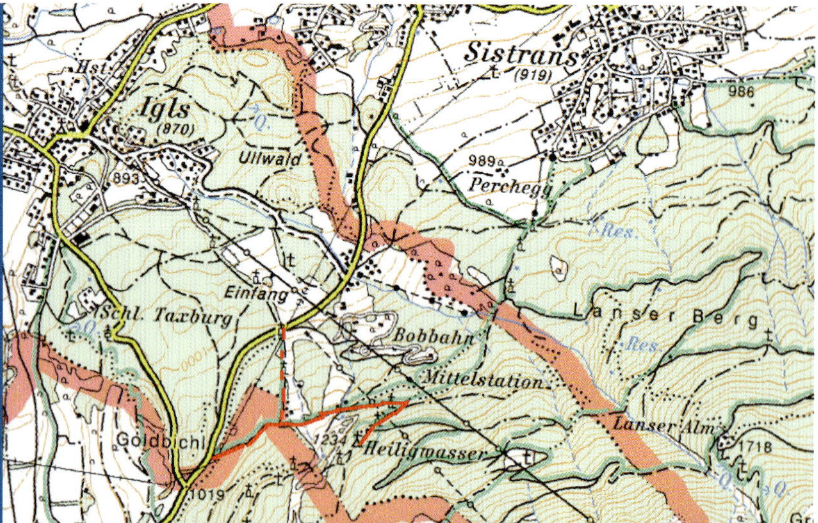

8 Mutterer Alm

→ Aufstiegshilfe: Bahn

Familienfreundlichkeit wird im gesamten Wintersportgebiet Mutterer Alm groß geschrieben – auch auf der Rodelbahn. Denn die Möglichkeiten, den Aufstieg mit der Bahn zu bewältigen oder die Strecke bereits auf halbem Wege mit einer gemütlichen Einkehr zu beenden, sind beim Rodeln mit Kindern ideal.

Ausgangspunkt: Mutters, Talstation der Mutterer Alm Bahn, 920 m
Länge: 5 km
Höhendifferenz: 650 m
Gehzeit: 100 min
Kontakt: 0512/548330, Mutterer Alm Bahn

Das Skigebiet Mutterer Alm ist mit 14 bestens präparierten Pistenkilometern in allen Schwierigkeitsgraden schon seit langem ein beliebtes Wintersportgebiet. Seit Januar 2006 ist die neue hochmoderne 8er-Gondelbahn in Betrieb, wodurch die Region natürlich noch attraktiver gewor-

den ist. Dafür ist nicht zuletzt auch die Rodelbahn mit verantwortlich, die man auch ohne mühsamen Aufstieg befahren kann. Für ein ausgelassenes Rodelvergnügen mit der ganzen Familie ist diese Route bei guter Schneelage bestens geeignet und bekannt.
Der Aufstieg zur Mutterer Alm beginnt beim der Talstation der ehemaligen Mutterer Alm Bahn und führt gemächlich und nicht zu steil bergauf. Hat man einmal keine Lust, bis ganz hinaufzugehen oder will man sich auf halber Strecke eine Pause gönnen, besteht die Möglichkeit, beim Nockhof mit seiner sonnigen Aussichtsterrasse einzukehren. Bleibt man auf der Route Richtung Bergstation, quert man dabei mehrmals die Skipiste. Auf diesen Streckenabschnitten hat man einen freien Blick auf Innsbruck beziehungsweise den gegenüberliegenden Patscherkofel. Nach einem letzten schattigeren Stück durch den Wald erreicht man die Bergstation der Mutterer Alm Bahn.
Hier sind sowohl das Erlebnisrestaurant Muttereralm mit 230 Sitzplätzen und großer Kinderspielfläche als auch die Mutterer Sennalm, seit jeher besonders bei Tourengehern beliebt, tolle Einkehrmöglichkeiten. Großzügige Sonnenterrassen und ein kulinarisch vielfältiges Angebot werden den Gästen geboten.
Die Abfahrt auf dieser Rodelbahn stellt eine gelungene Kombination aus kurvigen und geraden Streckenabschnitten dar. Sie ist abwechslungsreich und frei von mühsamen Flachstücken, aber dennoch auch für Kinder ohne Schwierigkeiten zu befahren – kurz gesagt: ein wahrer

Rodelgenuss. Immer wieder eröffnen sich schöne Ausblicke bei den Pistenquerungen und wenn alle Beteiligten etwas Rücksicht aufeinander nehmen, dürften selbst diese kein Problem darstellen.

Anfahrt: Vom Zentrum Innsbrucks aus fährt man auf der Brennerautobahn in südlicher Richtung bis zur Abfahrt Innsbruck Süd (mautfrei). Weiter geht's nach Mutters. Von hier aus ist der Weg zur Mutterer Alm Bahn bestens beschildert. Gebührenpflichtige Parkmöglichkeiten stehen bei der Talstation der Mutterer Alm Bahn zur Verfügung. Günstiger kann man sein Fahrzeug jedoch beim Freizeitzentrum Mutters abstellen.
Alternativ dazu bieten die Innsbrucker Verkehrsbetriebe mit der Stubaitalbahn eine Verbindung zwischen Innsbruck und Mutters an. Von der Haltestelle „Mutters Nockhofweg Almbahn“ muss man noch ca. 10 Minuten gehen, bis man den Begin der Rodelbahn (in einer Kehre der Zufahrtsstraße zur Mutterer Alm Bahn) erreicht.

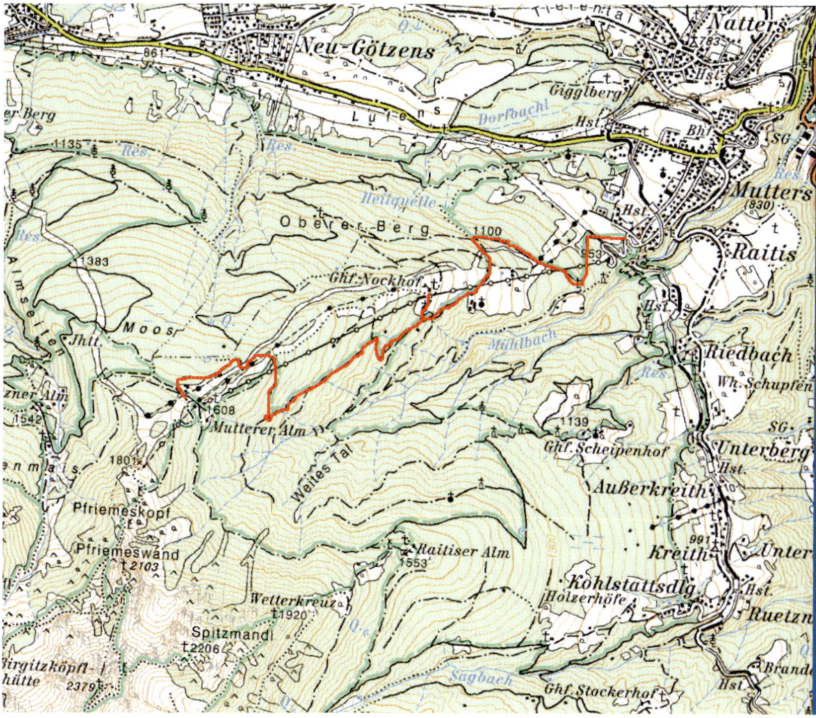

9 Götzner Alm

Sportlich und schnittig ist die Fahrt mit der Rodel von der Götzner Alm ins Tal. In kürzester Zeit erreicht man diese Bahn in der direkten Umgebung von Innsbruck. Erfahrene Rodler können hier ein abwechslungsreiches Wintersportvergnügen genießen.

Ausgangspunkt: Ortszentrum Götzens, 940 m

Länge: 4,1 km

Höhendifferenz: 602 m

Gehzeit: 90 min

Kontakt: 0664/4349792, Götzner Alm (Dienstag Ruhetag)

Auf der Sonnenterrasse über Innsbruck liegt das Feriendorf Götzens. Es ist nur ca. 7 Kilometer von der Tiroler Landeshauptstadt entfernt und hält für Erholungsbedürftige sowohl im Sommer als auch im Winter ein abwechslungsreiches Freizeitangebot bereit. Ein Highlight während der kalten Jahreszeit ist die Rodel-

bahn der Götzner Alm. Diese wurde erst 2007 umgebaut und bietet ihren Gästen eine gemütliche Einkehrmöglichkeit und ausreichend Platz.
Doch bevor man die Freuden eines erholenden Almbesuchs genießen kann, gilt es den Aufstieg zu bewältigen. Dieser beginnt relativ steil durch den Wald, bis man die Skipiste am Götzner Berg das erste Mal kreuzt. Dort, wo man früher vereinzelte Abfahrer und ein paar Skitourengeher getroffen hat, steht seit den Umbauarbeiten 2007 auch ein neuer Lift. (Hier befinden sich außerdem ein paar Parkplätze.) Verfolgt man den Weg weiter, entfernt man sich wieder vom Skitrubel und gelangt in den Wald. Von jetzt an wandert man auf einer gemütlicheren Strecke weiter, kreuzt dabei den Bach und sieht nach drei weiteren Kehren plötzlich die Alm vor sich auftauchen. (Wer noch massig Energie hat, kann bei entsprechender Piste und Lawinensicherheit noch geradeaus durch das Tal zur Mutterer Alm weitergehen.)
Die Abfahrt von der Götzner Alm startet mit tollen Kehren, die größtenteils auch mit Schneewänden begrenzt sind. Vorsicht ist im Abschnitt mit der in der Kurve liegenden Brücke geboten, und dennoch sollte man genug Schwung mitnehmen, damit man durch das anschließende flachere Stück kommt. Bei Tauwetter kann dieser Teil der Bahn manchmal etwas steinig sein. In weiterer Folge bietet die Abfahrt

mit gewaltigen Kurvenkombinationen alles, was das sportliche Rodlerherz begehrt. Nach der Querung der Piste kann man gleich unterhalb des Bauernhofs links in den ziemlich steilen Weg einbiegen oder, bei sehr guter Schneelage, der Straße folgen. Der steile Weg ist zwar eine echte Herausforderung, aber dafür wird die Bahn am Ende noch einmal richtig schnell. Weiter unten treffen sich dann wieder beide Strecken.

Anfahrt: Wer gerne mit dem Bus unterwegs ist, nimmt eine der vielen Verbindungen, die von Innsbruck aus nach Götzens fahren, und steigt dort beim Kirchplatz aus. Von hier ist der Weg zur Götzner Alm bereits sehr gut ausgeschildert.
Auch die Autofahrer müssen im Ort parken. Am besten geht das beim offiziellen und kostenlosen Parkplatz des Eissportzentrums, das man von der Kirche aus in östlicher Richtung erreicht.

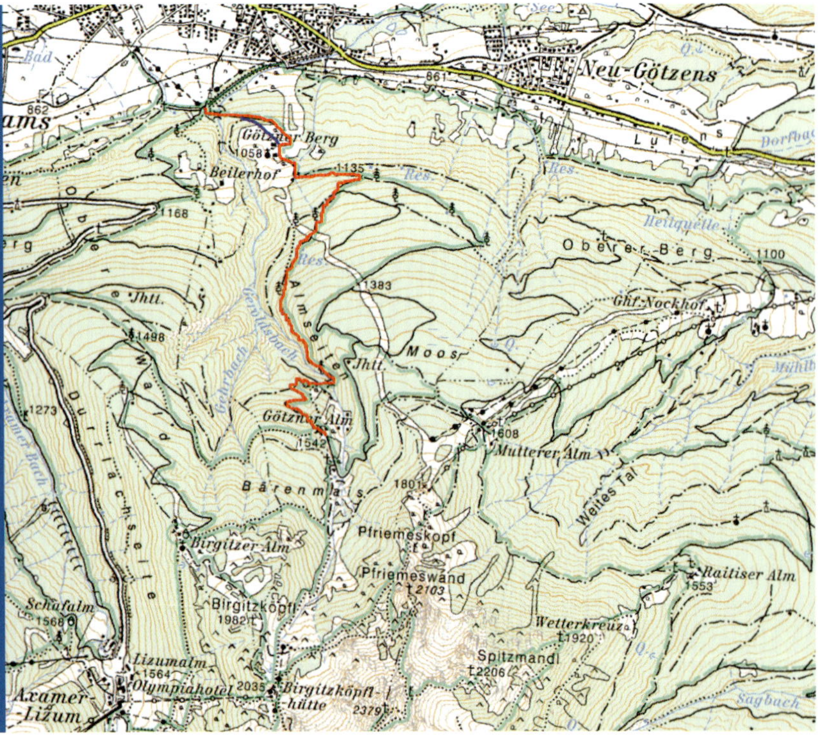

10 Birgitzer Alm

→ Aufstiegshilfe: Bus

Wer eine herzliche Bewirtung und verschiedene Aufstiegs- und Abfahrtsvarianten zu schätzen weiß, ist hier richtig. In unmittelbarer Nähe zur Landeshauptstadt befindet sich bei der Birgitzer Alm eine Rodelbahn, die sowohl für Freizeitsportler als auch für Familien bestens geeignet ist.

Ausgangspunkt 1: Birgitz, bei der Kirche Richtung Süden zum Tennisstüberl am Jennisweg

Ausgangspunkt 2: Parkplatz bei der Birgitzer Alm Kehre (dritte Kehre nach dem Ortsende von Axams in Richtung Axamer Lizum), kurz nach dem Adelshof, 1370 m

Länge: (1) 6,9 km, (2) 3,2 km

Höhendifferenz: (1) 880 m, (2) 438 m

Gehzeit: (1) 140 min, (2) 90 min

Kontakt: 0664/5487520, Birgitzer Alm

Durch die beiden verschiedenen Einstiegsmöglichkeiten kann man hier mehrere Kombinationen zum Rodeln ausprobieren. Die Kämpfer können schon von ganz unten, von Birgitz aus,

starten (Ausgangspunkt 1). Sie nehmen einen etwas steileren Anstieg in Kauf, erleben dafür aber später ein besonders kurvenreiches Rodelvergnügen, bei dem man meist auch ungestörter ist, weil nur wenige die längere Strecke wählen. Achtung, bei wenig Schnee ist diese Variante nicht zu bevorzugen, da der Weg dann sehr eisig werden kann.
Die Genussrodler fahren bis zur dritten Kehre nach Axams in Richtung Axamer Lizum weiter und beginnen den Aufstieg ausgehend vom kleinen Parkplatz kurz nach dem Adelshof (Ausgangspunkt 2).

Die Rodelbahn besticht ab hier durch eine gleichmäßige Steigung und höhere Schneesicherheit. Nach der Hälfte der Strecke kommt man zu einer Lichtung. Dieser Platz, an dem ein großes Kreuz und ein Brunnen stehen, empfiehlt sich bei Sonnenschein ideal für eine kurze Verschnaufpause.
Wer das freundliche „Grias enk Leitln!“ vernimmt, hat es geschafft und ist auf der Birgitzer Alm, einer der beliebtesten Rodelalmen rund um Innsbruck, angekommen. Die geräumige Hütte bietet viel Platz und eignet sich deshalb auch für größere Gruppen. An sonnigen Wintersonntagen kann es dennoch vorkommen, dass man keinen der vielen Plätze im Inneren mehr ergattert. Wenn es warm genug ist, lässt es sich aber auch wunderbar draußen in der Sonne sitzend aushalten. Die Birgitzer Alm ist neben der herzlichen Bewirtung bei Ausflüglern auch deshalb so beliebt, weil sie fast immer geöffnet ist.
Die abwechslungsreiche Talfahrt zeichnet sich durch viele Kurven und schnittige Kehren aus. Einzig auf der Lichtung im Mittelteil gibt’s ein kurzes Flachstück, das als eine der ersten Stellen ausapert. Mit genügend Schwung kann man es aber leicht schaffen durchzufahren.
Ein besonderer Vorteil dieser

Rodelbahn ist, dass die Betreiber der Birgitzer Alm die Strecke regelmäßig präparieren und sie dadurch auch bestens befahren werden kann, wenn es gerade erst frisch geschneit hat.

Anfahrt: (1) Zusätzlich zur regulären Busverbindung ins westliche Mittelgebirge fahren im Winter ab dem Innsbrucker Hauptbahnhof Skibusse in die Axamer Lizum. Um den Ausgangspunkt 1 zu erreichen, muss man in Birgitz bei der Haltestelle „Gasthof Traube" aussteigen. Besser steigt man erst bei der Kehre Birgitzer Alm (2) aus und kann dann bis nach Birgitz hinunter rodeln. Wer mit dem privaten Pkw fährt, muss beachten, dass direkt beim Ausgangspunkt nur beschränkt Parkplätze zur Verfügung stehen. Bitte nicht auf den Privatparkplätzen parken! Alternative Parkmöglichkeiten befinden sich im Ort.
(2) Von Innsbruck aus fährt man Richtung Axams und folgt dabei der Beschilderung ins Skigebiet Axamer Lizum. Nach dem Adelshof noch weiter fahren und in der nächsten Kehre parken.

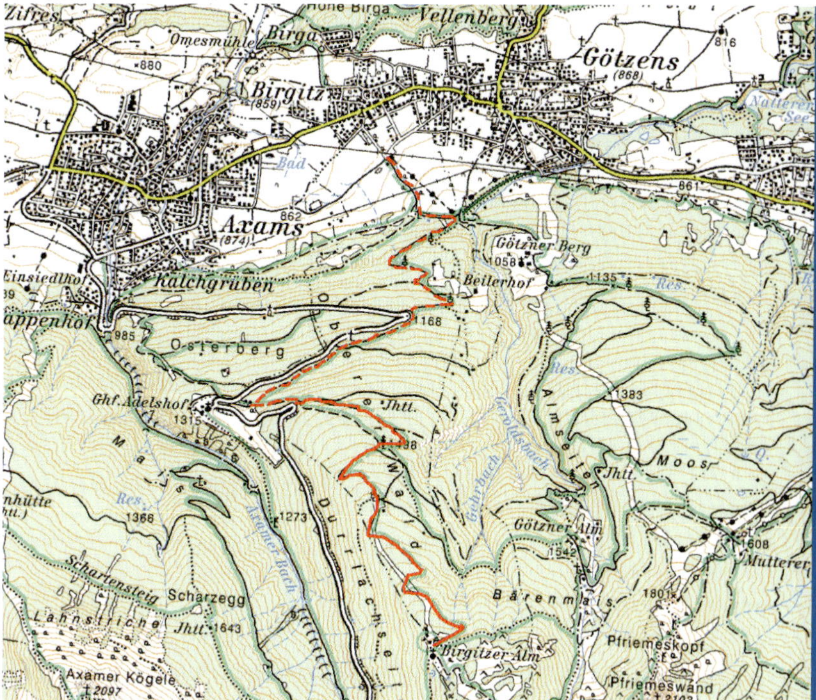

11 Axamer Lizum

→ **Aufstiegshilfe:** Bus

Wer glaubt, dass es kein rasantes Rodelvergnügen ohne beschwerlichen Aufstieg gibt, den wird die Bahn in der Axamer Lizum mit der Möglichkeit, den Aufstieg mit dem Skibus zu bewältigen, positiv überraschen! Schnelligkeit und eine gute Übersicht zeichnen diese Rodelpartie ebenfalls aus.

Ausgangspunkt: oberhalb von Axams, direkt nach dem Ortsende, kleiner Parkplatz am Taleingang vor der Kehre, 990 m

Länge: 3,9 km

Höhendifferenz: 540 m

Gehzeit: 110 min

Kontakt: 05234/68178, Tourismusbüro Axams

Das Skigebiet Axamer Lizum war zweimal Austragungsort für Olympische Winterspiele und ist nur 18 Kilometer von Innsbruck entfernt. Es bietet rund 40 Kilometer bestens präparierte Pisten in den verschiedensten Schwierigkeitsgraden und erstreckt sich über eine hochalpine Winterlandschaft mit zehn modernen Liftanlagen.

Auch Rodelfans kommen hier nicht zu kurz.
Die rasante Rodelbahn durch das Axamer Tal ist von Innsbruck aus einfach und direkt mit dem gratis Skibus zu erreichen. Sie ist etwas Besonderes für alle, die beim Rodeln gerne auf den Aufstieg verzichten wollen. Da die Bahn tief im Tal liegt, scheint dort nur wenig Sonne und sie ist deshalb sehr schneesicher. Die bequemste Art, den Beginn der Rodelbahn zu erreichen, ist direkt mit dem Skibus in die Axamer Lizum zu fahren. Dort gibt es zwar keine Almhütte, dafür aber einige Bars, die sich bestens für Après-Ski eignen. Der Einstieg in die Rodelbahn befindet sich am nördlichen Ende des Parkplatzes.

Als sportlicher Fußgänger startet man den Aufstieg vom kleinen Parkplatz am Taleingang aus.
Die Bahn ist sehr flott zu befahren und übersichtlich angelegt – idealen Bedingungen, um einen neuen persönlichen Geschwindigkeitsrekord aufzustellen! Zum Schluss wird man durch zwei Kurven eingebremst, bevor die Bahn bei der Straße endet. Bei guter Schneelage kann auch noch neben der Straße ein paar Meter weiter gerodelt werden. Weil sich die Haltestelle für den Zubringerbus in die Axamer Lizum gleich nach dem Ende der Rodelbahn befindet, kann man sich je nach Lust und Laune gleich noch einmal zum Start der Rodelbahn hinaufchauffieren lassen und einen zweiten

oder dritten Durchgang wagen. Die gesamte Strecke ist täglich bis 24 Uhr beleuchtet und ermöglicht dadurch, auch des Nachts temporeich ins Tal zu donnern. Dieses außergewöhnliche Erlebnis sollten Sie sich nicht entgehen lassen!

Anfahrt: Von Innsbruck aus fährt man Richtung Axams und folgt dabei der Beschilderung ins Skigebiet Axamer Lizum. Wenn man den Aufstieg zu Fuß bewältigen will, parkt man am Ortsende von Axams (Ortstafel an der Brücke) vor der Kehre. Direkt bei der Brücke neben dem Bach beginnt die Rodelbahn. Alternativ kann man sich mit dem kostenlosen Skibus direkt von Innsbruck aus in die Axamer Lizum bringen lassen. Bei dieser Variante spart man sich den Aufstieg. Für alle, die nicht aus Innsbruck kommen, ist der Zustieg in den Bus auch in Axams möglich (z.B. bei der Haltestelle ca. 200 Meter unterhalb des Endes der Rodelbahn). Zusätzlich verkehrt während der Wintersaison auch von Götzens aus, über Birgitz und Axams, ein gratis Rodelbus in die Lizum.

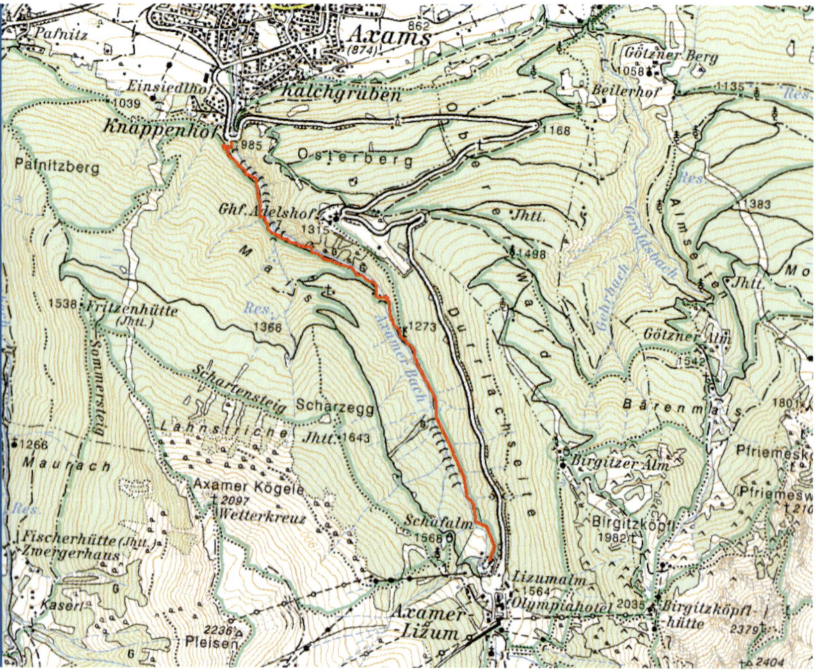

12 Gleinser Höfe

→ Aufstiegshilfe: Rodeltaxi, Rodeltransport

Genau so sollen Rodelbahnen sein: Nicht zu schwer und nicht zu leicht, rasante Kurven mit hervorragender Absicherung, ein gemütlicher Aufstiegsweg und eine davon getrennte, etwas steilere Abfahrtsroute, sodass sich Wanderer und Rodler nicht in die Quere kommen – und dazu ein Gasthaus mit hervorragender Küche und traumhafter Aussicht am Ende des Aufstiegs.

Ausgangspunkt: Schönberg, 1013 m
Länge: 2,2 km
Höhendifferenz: 360 m
Gehzeit: 75 min
Kontakt: 05225/62100, Alpengasthof Gleinserhof

Die Gleinser Höfe sind ein idyllischer kleiner Bergbauern-Weiler, der hoch über Schönberg am Eingang zum Stubaital liegt. Der wunderbare Blick auf die Kalkkögel, die auf der anderen Talseite liegen, in die Gletscher des inneren Stubaitals und aufs Wipptal

hinunter begeistert wohl jeden Wanderer, der hier herauf kommt. Die sonnige Lage der Höfe lädt zu einer längeren Rast ein, bevor man auf der Rodelbahn wieder talwärts fährt.
Die Rodeltour startet in Schönberg, wo man der Beschilderung „Gleinserhof" folgt. Nach wenigen Schritten lässt man den Lärm der Autobahn, die Schönberg umkreist, hinter sich und taucht in die Ruhe des Waldes ein. Der Aufstiegsweg (gelegentlich von Autos befahren) führt in mäßiger Steigung durch den Wald hinauf zum kleinen Weiler. Nach einer guten Stunde Gehzeit erreicht man den Waldrand, wo sich auch der Start der Rodelbahn befindet. Zum eigentlichen Ziel der Tour, dem Alpengasthof Gleinserhof, sind es noch ca. 400 m auf einem flachen Weg. Diese Strecke eignet sich zwar nicht zum Rodeln, dazu reicht die Steigung nicht – der Zusatzaufwand lohnt sich aber dennoch, denn das Gasthaus lockt nicht nur mit einer wirklich prächtigen Aussicht auf die Bergwelt der Stubaier Alpen und einer sonnigen Lage, sondern auch mit hervorragender Küche – die mit Graukäse oder mit Marmelade gefüllten Bauernkrapfen zum Beispiel werden weitum gerühmt. Jeden Mittwoch Abend lädt der Gleinserhof zudem zu einem zünftigen Hüttenzauber ein.
Wem der Aufstieg zu Fuß zu anstrengend ist, der kann sich auch mit dem Rodeltaxi zum Gast-

haus hinaufführen lassen. Da der Aufstiegsweg oft gestreut ist, gibt es hier auch ein Rodelshuttle: Die Rodel wird geliefert, man selbst geht zu Fuß! Abholzeiten stehen unten angeschrieben.
Für die Abfahrt steht eine eigene Rodelbahn mit einigen rasanten Kurven zur Verfügung. Ein besonderes Vergnügen ist die Abfahrt bei Dunkelheit, denn die Rodelbahn ist jeden Abend bis 0.30 Uhr hervorragend beleuchtet – so kann man den gemütlichen Rodelabend im Gleinserhof unbesorgt genießen, ohne sich vor der Abfahrt fürchten zu müssen.

Anfahrt: Von der Brennerautobahn bei der Ausfahrt Stubaital/Schönberg (noch vor der Mautstelle Schönberg!) abfahren, auf der Bundesstraße nach links in die Ortschaft Schönberg bis zum Postamt. Direkt nach dem Postamt rechts bergauf und unter der Autobahn durchfahren. Etwa 100 Meter nach einer scharfen Rechtskurve gibt es am Straßenrand einige Parkplätze.

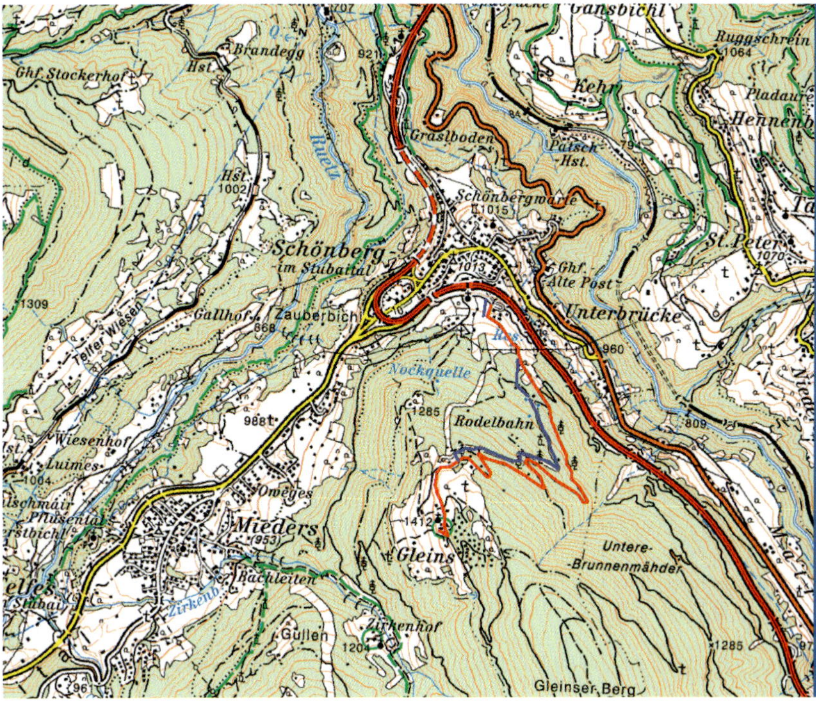

13 Maria Waldrast

→ **Aufstiegshilfe:** Rodeltaxi
→ getrennter Aufstiegsweg

Die bekannte Wallfahrt nach Maria Waldrast ist außerdem eine der beliebtesten Rodelbahnen in Tirol, und das nicht ohne Grund. Auf getrenntem Aufstieg zu Fuß oder auf Wunsch auch mit dem Rodeltaxi erreichbar, bestens beleuchtet und im Bedarfsfall sogar beschneit – so präsentiert sich diese begeisternde Rodelroute am Fuße der Serles!

Ausgangspunkt: Mauthäuschen oberhalb der Ortschaft Matrei am Brenner, Parkplatz Stiegelgatter, 1160 m

Länge: 3,6 km

Höhendifferenz: 480 m

Gehzeit: 90 min

Kontakt: 05273/6219, Klostergasthaus Maria Waldrast

Für viele Rodelbegeisterte zählt Maria Waldrast, hoch über dem Wipptal gelegen, zu den schönsten und interessantesten Bahnen Tirols! Doch obwohl diese Route aufgrund dessen von den Besucherzahlen her sicher unter den Spitzenreitern kursiert, hat man durch den von

der Abfahrt getrennten Aufstieg nie das Gefühl, in der Masse zu gehen.
Vom Parkplatz Stiegelgatter aus beginnt der Aufstieg zunächst noch entlang der Rodelbahn, doch bereits nach ca. 200 Metern zweigt der getrennte Aufstiegsweg links ab. Dieser ist zugleich die Zufahrt zum Kloster und führt zuerst noch recht steil bergauf. Auf halber Strecke fängt der traumhafte Ausblick auf die Serles an. Begleitet von dieser schönen Sicht auf die Tiroler Bergwelt, wandert man gemütlich auf dem Weg, der abwechselnd mal flacher, mal steiler durch den Wald führt, dahin. Auf der letzten Lichtung sieht man schon das Ziel und plötzlich ist es gar nicht mehr weit!
Das Klostergasthaus Maria Waldrast wird von den Serviten geführt und ist eine geräumige Einkehrmöglichkeit mit guter Hausmannskost im Angebot. Dahinter versteckt sich die sehr schöne Klosterkirche, die auf jeden Fall einen Besuch lohnt. Sie wurde aufgrund einer Heilwasserquelle, deren Heilkraft schon die Kelten zu schätzen gewusst haben sollen, zu einem oft besuchten Wallfahrtsort. Nach den Anstrengungen des Aufstiegs kann man sich mit dem kristallklaren Wasser, dem Abwehrkräfte stärkende Wirkung nachgesagt wird, erfrischen. Zuerst wallfahrten, dann rodeln – diese außergewöhnliche Kombination bietet sich nicht allzu oft!
Die Abfahrt ohne Gegenverkehr ist bestens gesichert, meist exzellent präpariert und in der Nacht beleuchtet. Anschließend an ein kurzes Flachstück nach dem ersten Drittel hat die abwechslungsreiche Bahn viele saubere Kurven, die man (fast) ohne zu bremsen durchfahren kann. Diese lang gezogenen schnellen Kurven machen die Strecke zu einem echten Rodelvergnügen, das man immer wieder erleben möchte.

Anfahrt: Um nach Matrei am Brenner zu gelangen, fährt man von Innsbruck aus auf der mautpflichtigen Brennerautobahn bis zur gleichnamigen Ausfahrt. Von dort folgt man der Beschilderung zur Gemeinde. Am nördlichen Ende des Ortskerns, Richtung Westen, nimmt man links die steile Straße hinauf nach Mützens. Dem ausgeschilderten Weg folgt man stets bergauf bis zur Mautstelle. Links der Straße befinden sich direkt vor dem Mauthäuschen am Parkplatz Stiegelgatter ausreichende Möglichkeiten, sein Fahrzeug abzustellen.

Hier kann man – Allradantrieb oder Schneeketten vorausgesetzt – auch mit dem Auto hinauf fahren oder sich vom Rodeltaxi mitnehmen lassen. Dieses fährt bereits vom Bahnhof Matrei aus los, wodurch eine Anreise von Innsbruck aus auch mit dem Zug möglich ist.

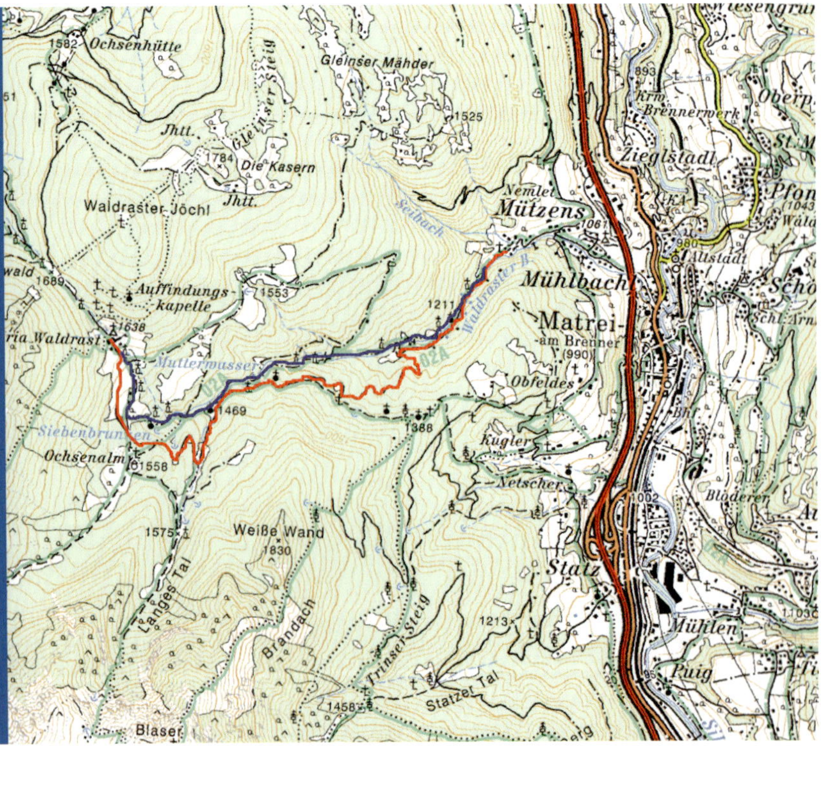

14 Bergeralm

→ **Aufstiegshilfe:** Lift

Spektakulär durch drei Tunnel flitzen und auf diese Weise gefahrlos die Piste unterqueren – das ist auf der bestens gesicherten Rodelbahn der Bergeralm möglich. Hinauf kommt man mit dem Lift – eine echt tolle Bahn!

Ausgangspunkt: Steinach am Brenner, Talstation der Bergbahnen Steinach, 1063 m

Länge: 5 km

Höhendifferenz: 514 m

Gehzeit: 80 min

Kontakt: 05272/6333, Liftbetrieb Bergeralm-Bahn

Das Skigebiet Bergeralm ist vor allem aufgrund des traumhaften Panoramas inmitten des Wipptals eine beliebte Wintersportregion. Man findet dort nicht nur ca. 25 Kilometer bestens präparierte Pisten in allen Schwierigkeitsgraden, sondern mehrere sehr feine Rodelbahnen (siehe auch „Sonnenstein“) und fünf moderne

Liftanlagen. Diese ist sehr gut gesichert und ideal für Kinder, die schon selbständig rodeln.
Um die Rodelpartie gemütlich zu beginnen, kann man hier mit der Bergeralm-Bahn bequem hinaufgondeln. Vom Ausstieg der Mittelstation sind es ca. 100 Meter bis zum Start der Rodelbahn (direkt neben der Schirmbar). Für alle Fleißigen, die einen aktiveren Einstieg bevorzugen, beginnt der Aufstieg hinter der Talstation. Oben angekommen genießt man einen herrlichen Ausblick auf die Wipptaler Bergwelt. Um sich zu stärken, kann man sich entweder im rustikalen Restaurant Bärenfalle am Speichersee Steinboden verköstigen lassen oder in das Panoramarestaurant Bergeralm mit großer Sonnenterrasse und Selbstbedienung einkehren. Hinter eben diesem, neben der Schirmbar, startet die Rodelabfahrt.
Runter geht's zunächst in einem angenehmen Tempo, indem man sich schön an die Rodel gewöhnen kann. Im Mittelteil wird die Bahn etwas steiler und die Fahrt damit um einiges rasanter. Die ansehnlichen Kurven bieten ein aufregendes Fahrvergnügen, kurz auch mit Blick auf die Brennerautobahn. Die Pistenquerungen sind mittlerweile untertunnelt, was vor allem Kinderaugen leuchten lässt. Gegen Ende wird die Fahrt wieder gemütlicher und flacher, klingt aber dennoch nicht zu langsam aus. Insgesamt eine ausgewogene, gut angelegte Bahn. Der Weg ist ausgezeichnet

beleuchtet und steht auch zum Nachtrodeln zur Verfügung.

Anfahrt: Aus Innsbruck kommend nimmt man die mautpflichtige Brennerautobahn bis zur Ausfahrt Matrei/Steinach. Von hier fährt man ca. 5 Kilometer weiter nach Steinach und folgt den Schildern zur Bergeralm. Dort angekommen stehen den Besuchern der Ski- & Freizeit-Arena Bergeralm kostenlose Parkplätze zur Verfügung. Von Südtirol kommend nimmt man die Ausfahrt Brenner/Ort und fährt auf der Bundesstraße bis Steinach, von wo man der Beschilderung zur Bergeralm folgt.
Auch ohne privaten Pkw kann man die Bergeralm problemlos erreichen. Dafür fährt man mit dem Zug nach Steinach am Brenner und steigt am Bahnhof in den Bus Richtung Bergeralm. Dieser hält nur wenige Gehminuten von der Talstation und dem Beginn der Rodelbahn entfernt.

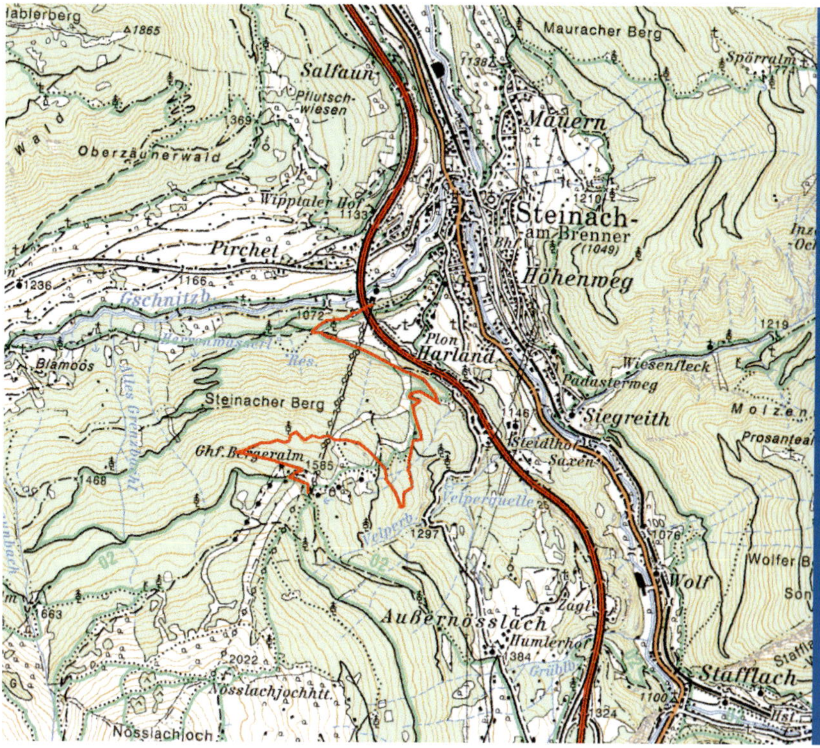

15 Nösslachhütte

Dank kurzem Aufstieg und einfacher Befahrbarkeit ist diese Rodelpartie für die ganze Familie bestens geeignet. Darüber hinaus ist die idyllisch gelegene Nösslachhütte auch ein empfehlenswertes Ziel für Liebhaber kulinarischer Köstlichkeiten, die ihre Einkehr gerne mit einer kurvenreichen Abfahrt ausklingen lassen.

Ausgangspunkt: Nösslach, Parkplatz im Bereich „Hagaten", 1320 m
Länge: 1,7 km
Höhendifferenz: 140 m
Gehzeit: 30 min
Kontakt: 0664/3040502, Nösslachhütte

Nösslach befindet sich am Eingang zum Obernbergtal auf einem wunderschön gelegenen sonnigen Hochplateau zwischen Steinach und Gries am Brenner, nahe der Staatsgrenze. Die Ortschaft befindet sich auf schneesicheren 1350 Metern Seehöhe – perfekt für Rodelfahrten und Winterwanderungen. Eine kurze, aber landschaftlich sehr ansprechende Rodelroute ist der familienfreundliche Weg auf die Nösslachhütte. Durch den lichten Wald geht man mit seiner Rodel entlang der sanften Hänge der Wipptaler Bergwelt. Vom Ausgangspunkt am Parkplatz, den man bereits nach kurzer Fahrt von der Autobahnabfahrt erreicht, startet der Aufstieg zur Nösslachhütte bereits mitten im schönsten Winterwald. Die weitere Wegstrecke hält, was der reizvolle Beginn verspricht, und führt in gemächlicher Steigung bergauf. Die gemütliche Bahn ist vor allem für eine Vormittagspartie ideal geeignet, denn zu dieser Tageszeit ist die Route noch sehr sonnig. Der Aufstieg ist nicht besonders beschwerlich und bereits nach fünf Kurven bewältigt. Schon nach einer knappen halben Stunde hat man es geschafft, ist oben angelangt und kann es sich auf der großen Sonnenterrasse gemütlich machen. An besonders kalten Wintertagen oder wenn es schneit genießt man die heimelige Atmosphäre in der sehr gemütlichen Stube der Nösslachhütte, die von einem Ofen bestens beheizt wird. Hier begeg-

net man vielen Skitourengehern, denn an der Hütte vorbei führt eine der lawinensichersten Routen auch bei hoher Schneelage, die deshalb zu den beliebtesten Touren in ganz Tirol zählt. Auch die Küche mit ihrem abwechslungsreichen kulinarischen Programm kann sich sehen lassen. Derart gestärkt startet man mit jeder Menge Schwung in die Abfahrt. Diese wird vom Hüttenwirt hervorragend gepflegt. So kann man von der Nösslachhütte auf einer gut präparierten Bahn entspannt ins Tal hinunterrodeln. Die weichen Kurven und das gleichmäßige Gefälle machen diese Rodeltour zu einem unvergesslichen Genuss für Groß und Klein.

Anfahrt: Um diese Bahn zu erreichen, nimmt man von Innsbruck kommend die mautpflichtige Brennerautobahn, die man bei der Abfahrt Nösslach verlässt. Weiter fährt man in Richtung Obernberg. Nach ca. 2 Kilometern führt rechts ein Weg hinein, der aufs Nösslachjoch ausgeschildert ist. Auf diesem hält man sich links und fährt 500 Meter weiter bis zur Abzweigung Nösslachhütte. Dort kann man sein Fahrzeug abstellen.

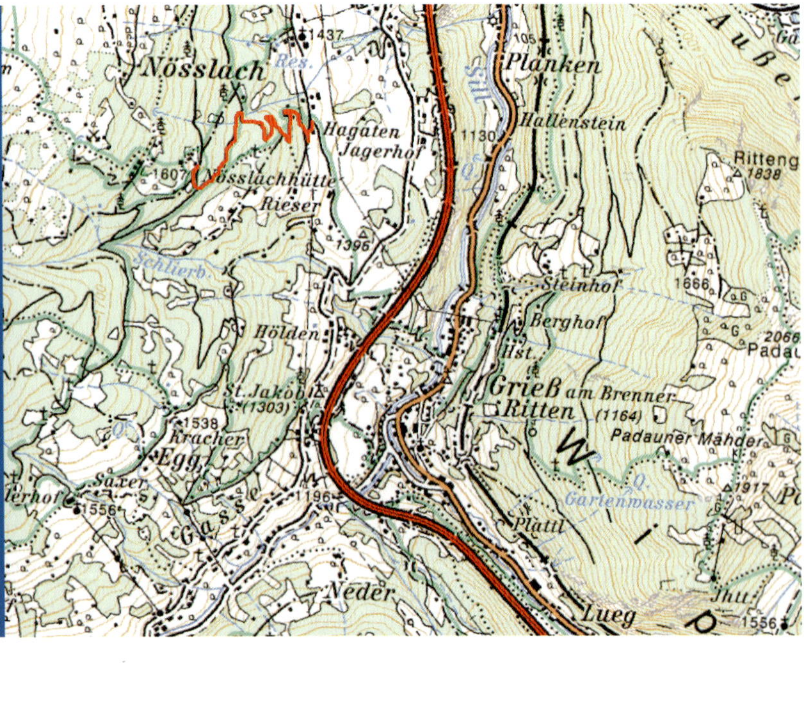

16 Sattelbergalm

Seit der Sessellift auf den Sattelberg eingestellt worden ist, gehört dieser Berg ganz den Rodlern und Skitourengehern. Die schneesichere Lage am Eingang des Obernbergtals und die gemütliche Einkehrmöglichkeit bei der Sattelbergalm ziehen den ganzen Winter über begeisterte Rodler an.

Ausgangspunkt: Vinaders, Parkplatz oberhalb der Kirche, 1270 m
Länge: 3,5 km
Höhendifferenz: 360 m
Gehzeit: 75 min
Kontakt: 05274/877170, Sattelbergalm

Vor wenigen Jahren wurde die veraltete und unrentable Liftanlage auf den Sattelberg bei Gries am Brenner eingestellt. Doch wer sich erwartet hätte, dass der einstmals beliebte Familien-Skiberg damit verwaist sein würde, hat sich getäuscht: Zahlreiche Skitourengeher bevölkern die ehemalige Skiabfahrt, und auch für Rodler

ist die gemütliche Sattelbergalm, die auf einem sonnigen Plateau am halben Weg zum Gipfel liegt, ein beliebtes Ziel. Dazu trägt auch das Team der Alm bei, das die hungrigen Rodler in der Gaststube oder auf der Sonnenterrasse vor der Hütte mit bodenständiger Küche verwöhnt. Für Kinder gibt es bei der Hütte außerdem noch einen Spielplatz.
Doch nicht nur die Sattelbergalm ist eine empfehlenswerte Einkehrstation, am Ausgangs- bzw. Endpunkt der Tour steht mit dem Gasthaus Vinaders eine reizvolle Alternative zur Verfügung – ein besonderer Tipp sind die fangfrischen Forellen in der urigen alten Stube des Hauses.

Die Rodeltour startet unmittelbar hinter der Kirche von Vinaders, wo ausreichend Parkplätze zur Verfügung stehen. Man folgt der Fahrstraße Richtung Sattelbergalm. Bis zur ersten Rechtskehre kann die Rodelbahn von Anrainer auch mit dem Auto befahren werden, hier ist also besondere Vorsicht angebracht – außerdem kann die Bahn hier manchmal gestreut sein. Ab der Kehre ist die Bahn aber untertags für jeden Verkehr gesperrt, steht also ganz den Rodlern zur Verfügung.
In angenehmer Steigung geht es in einigen Kehren bergauf, zum Schluss führt die Bahn flach hinüber auf das sonnige, freie Plateau, wo gegenüber der

ehemaligen Mittelstation der Sattelberg-Lifte die Alm auf eine Einkehr wartet. Eine kurze Querung der nur mehr von Skitourengehern genützten Abfahrt, dann hat man das Ziel erreicht.
Die Abfahrt erfolgt am selben Weg wie der Aufstieg. Durch die gleichmäßige Steigung ist diese Tour für die ganze Familie hervorragend geeignet.

Anfahrt: Von Innsbruck führt die mautpflichtige Brennerautobahn in Richtung Süden. Bei der Abfahrt Matrei/Steinach verlässt man die Autobahn und fährt über Steinach und Gries am Brenner ins Obernbergtal. Alternativ dazu kann man auch erst bei der Autobahnabfahrt Nösslach von der Autobahn abfahren und die schmale, im Winter oftmals schlecht geräumte Bundesstraße nehmen, die bei Vinaders ins Obernbergtal mündet. Noch kurz weiter nach rechts taleinwärts, bei der Kirche von Vinaders links ab und zum Parkplatz.

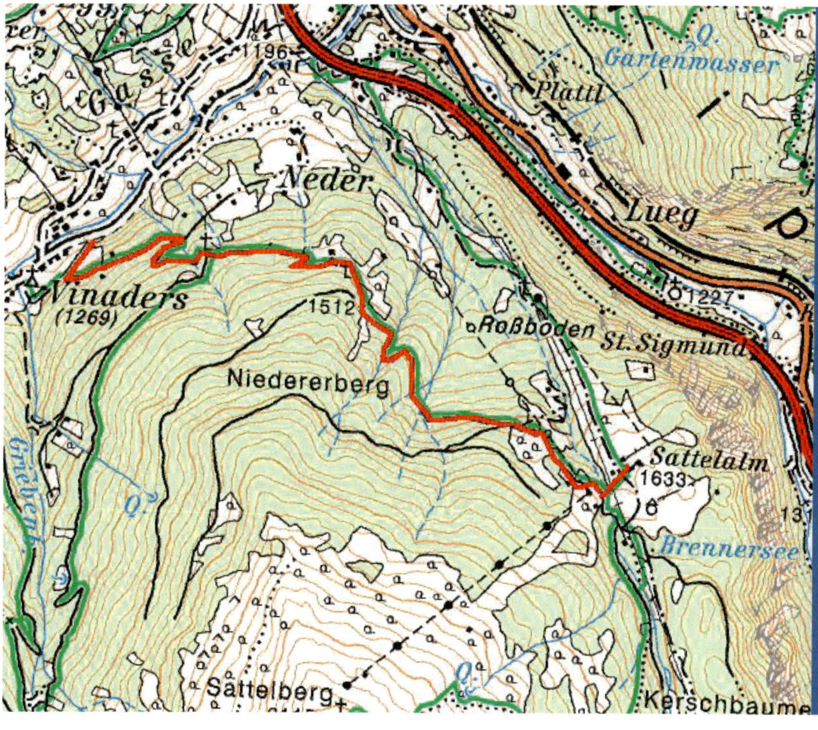

17 Stöcklalm/Naviser Hütte

→ teilweise getrennter Aufstiegsweg

Schnee, Schnee und noch mal Schnee – das bietet das Navistal seinen Besuchern, selbst wenn es andernorts nicht mehr so gut darum bestellt ist. Diese Rodelbahn wartet außerdem mit einer hervorragend präparierten Abfahrt, jeder Menge Fahrspaß und einem traumhaften Panorama sowohl beim Aufsteigen als auch beim Einkehren auf.

Ausgangspunkt: Parkplatz Schranzberg im hinteren Navistal, 1400 m
Länge: 3,8 km
Höhendifferenz: 480 m
Gehzeit: 90 min
Kontakt: 05278/6226, Stöcklalm (Montag und Dienstag Ruhetag)

Das Navistal, ein östliches Seitental des Wipptals, beheimatet Ortschaften, in denen man noch uraltes Bergbauerntum antrifft, und zeichnet sich durch seine besonders hohe Schneesicherheit aus. Nicht ohne Grund kommen hierher viele Rodelbegeisterte, wenn sonst nirgends mehr eine

brauchbare Abfahrt zu finden ist. Die Bahn, die von der Stöcklalm beziehungsweise der Naviser Hütte ins Tal führt, ist ein tolles Rodelvergnügen.
Der Aufstieg beginnt durch den herrlichen Winterwald, welcher mit der Zeit immer lichter wird. Dabei bleibt die Steigung ziemlich gleichmäßig und angenehm. Beim Gang nach oben wird man hier von einem herrlichen Panorama begleitet, das die Zeit des Aufstiegs im Nu verfliegen lässt. Folgt man dem gemächlich dahinführenden Weg beständig weiter, kommt man nach einiger Zeit recht unvermittelt zur Naviser Hütte, die sich in Höhe der Waldgrenze befindet. Sie wird leider seit einigen Jahren nicht mehr bewirtschaftet und ist derzeit geschlossen, aber eine Wiedereröffnung ist geplant. Bis hierher ist auch ein getrennter Aufstieg über den Sommerwanderweg möglich. Dieser zweigt zwischen der ersten und der zweiten Kehre ab und ist mit gelben Wegweisern ausgeschildert. Wenn man von der Naviser Hütte aus der Rodelbahn weiter bergaufwärts durch freies Gelände mit traumhafter Aussicht folgt, erreicht man nach ca. 20 Gehminuten die Stöcklalm.
Die urwüchsige Alm liegt sehr sonnig auf einem Bergrücken und lädt mit einer gemütlichen Terrasse zur Rast ein. Hier kann man den Blick über das Navistal bis hin zur Serles schweifen lassen. Küche und Bedienung genießen

einen hervorragenden Ruf, dem man folgen sollte, um erfrischt und gestärkt in die Abfahrt zu starten.
Die Talfahrt auf der ausgezeichnet gewarteten Rodelbahn ist ungefährlich und familientauglich. Sie beginnt mit zwei engen Kehren und geht anschließend in sanften Kurven bei gleichmäßigem Gefälle dahin. Da hier fast immer genügend Schnee liegt, genießt man eine flotte und abwechslungsreiche Partie hinunter ins Tal. Dort steigt man mit einem Grinsen quer übers ganze Gesicht von seinem Gefährt – so soll Rodeln sein.

Anfahrt: Von Innsbruck aus fährt man auf der mautpflichtigen Brennerautobahn bis zur Abfahrt Matrei/Steinach. Gleich bei der Kreuzung folgt man den Wegweisern ins Navistal. Man nimmt den Unterweg bis in das Ortszentrum von Navis. Dort angekommen biegt man am Dorfplatz links ab und fährt dann immer geradeaus bis zum gebührenpflichtigen Parkplatz Schranzberg.
Mit öffentlichen Verkehrsmitteln, Postbussen, erreicht man zwar das Zentrum von Navis problemlos, aber bis zum Start der Rodelbahn muss man noch einige Meter die Rodel tragend zurücklegen.

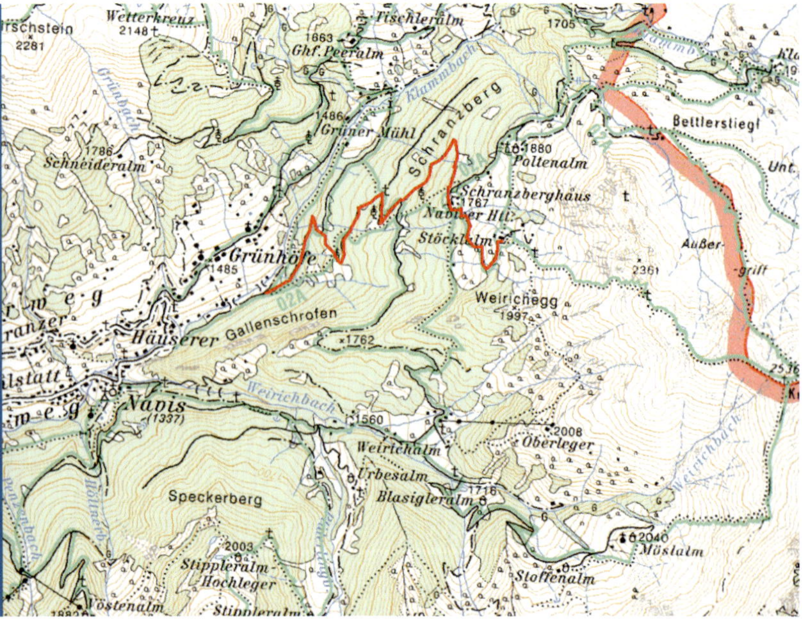

18 Obernberger See

→ Aufstiegshilfe: Rodeltaxi

Der traumhafte Ausblick auf den von Fichten umstandenen Obernberger See und die Bergkulisse der Tribulaune, das sind nur zwei der vielen Highlights des Obernbergtals. Man erlebt sie auf unvergessliche Weise bei dieser flotten Rodeltour für die ganze Familie.

Ausgangspunkt: Obernberg am Brenner; Gasthof Waldesruh, gebührenpflichtiger Parkplatz am Ortsende, 1439 m

Länge: 1,6 km

Höhendifferenz: 150 m

Gehzeit: 30 min

Kontakt: 05274/874625, Tourismusverband Obernberg

Am Ende des Obernbergtals, einem Seitental des Wipptals, das bei Gries am Brenner abzweigt, liegt der wunderschöne Obernberger See inmitten des Landschaftsschutzgebietes „Nösslachjoch-Tribulaune-Obernberger See“. Hier prägen die Tribulaune, die markant zerklüfteten Kalkberge der Stubaier Alpen, das Panorama. Das von Fichtenwäldern dominierte Landschaftsgebiet hatte es auch Kaiser Maximilian I. angetan, welcher in dieser Umgebung gern zur Jagd ging. Heutzutage ist das Obernbergtal besonders für alle, die Erholung und Ruhe suchen, ein beliebtes Ausflugsziel. Im Winter ist dafür nicht zuletzt die einfach zu erreichende Rodelbahn des Obernberger Sees mitverantwortlich. Diese Route ist zwar sehr kurz, dafür aber auch für die Kleinsten unter den Rodelfreunden mühelos zu bewältigen. Vom Parkplatz aus geht man los. Der Aufstieg besticht von Anfang an durch landschaftliche Reize. Zunächst beginnt die Strecke mit einem Flachstück. Nach ca. 500 Metern wird der Weg etwas steiler. Doch das ist kein Problem, denn bereits nach kurzer Zeit liegt der Aufstieg hinter einem und das Ziel, der Alpengasthof Obernberger See, ist erreicht.

Zwar ist dieses Lokal im Winter leider geschlossen, das atemberaubende Panorama auf den winterlichen Obernberger See kann man dennoch uneingeschränkt genießen. Hier besteht außerdem noch die Möglichkeit, entlang des weiteren Wegverlaufs, der gemütlich um den See herumführt, bei einem Spaziergang durch die idyllische Winterlandschaft zu entspannen. Derart erholt steht einer lustigen Rodelpartie ins Tal hinunter nichts mehr im Wege. Die kurze Abfahrt startet mit einem angenehmen Gefälle, das ein zügiges Rodelvergnügen ohne schwierige Passagen gewährleistet. Auf den letzten Metern im unteren Bereich gilt es viel Schwung zu holen, um noch möglichst weit dahinrauschen zu können. Beim Flachstück am Ende ist es mit der Fahrt dann leider schon vorbei.

Diesen tollen Winterausflug kann man abschließend noch mit einer Einkehr im direkt am Parkplatz

gelegenen Gasthof Waldesruh bei gutbürgerlicher Küche gemütlich ausklingen lassen.
Ein besonderes Vergnügen hält diese Bahn für alle Nachtaktiven bereit, denn sie ist täglich bis 24 Uhr beleuchtet.

Anfahrt: Von Innsbruck führt die mautpflichtige Brennerautobahn in Richtung Süden. Bei der Abfahrt Matrei/Steinach verlässt man die Autobahn und fährt über Steinach und Gries am Brenner ins Obernbergtal. Alternativ dazu kann man auch erst bei der Autobahnabfahrt Nösslach von der Autobahn abfahren und die schmale, im Winter oftmals schlecht geräumte Bundesstraße nehmen, die bei Vinaders ins Obernbergtal mündet. Am Ende des Tals befindet sich die Gemeinde Obernberg, wo sich beim Gasthof Waldesruh ein großer, kostenpflichtiger Parkplatz befindet. Hier ist auch der Ausgangspunkt für die Rodelbahn.

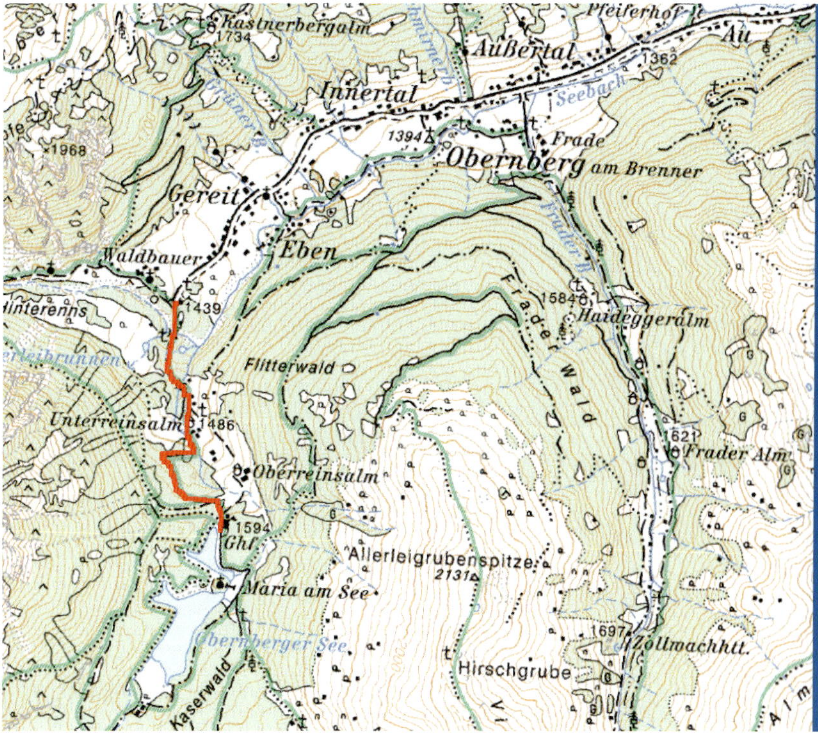

19 Enzianhütte

Oberhalb vom Brenner gibt es eine bei Innsbruckern noch relativ unbekannte Rodelbahn. Dabei ist sie durch die hohe Lage sehr schneesicher. Zwar gehört sie nicht zu den Rennstrecken – dafür ist sie zu flach –, aber für Familien ist sie super.

Ausgangspunkt: Parkplatz oberhalb von Brennerbad
Länge: 5,6 km
Höhendifferenz: 550 m
Gehzeit: 100 min
Kontakt: +39/0472/631224 Enzianhütte

Fein zum Losgehen beginnt der Anstieg flach durch den Wald. Wenn man die ersten Höhenmeter überwunden hat, merkt man schon fast nicht mehr, dass man sich nur ein kleines Stück vom Verkehr der Brennerautobahn entfernt befindet. Nach mehreren Kehren und mehreren Kilometern Gehzeit lichtet sich der Wald. Bei

der Waldgrenze angelangt, sieht man bald die Zirogalm. Genau wie unterhalb am Brennerpass, wo nach einer ruhigen Zeit durch Österreichs Beitritt zur EU jetzt langsam wieder mehr los ist, ist es auch hier heroben. Obwohl das Zentrum des ehemaligen Skigebiets langsam verfällt, beginnen Rodler und Skitourengeher das wunderschöne Gebiet hier wieder zu entdecken. Auch wenn auf der Zirogalm nichts mehr serviert wird, kann man alternativ dazu die Enzianhütte schon gegenüber sehen. Bei der Zirogalm sollte man trotzdem eine letzte kurze Pause einlegen und Energie tanken, denn anschließend folgt noch ein kurzer, aber sehr steiler Stich. Doch gleich danach kann man sich bei einem Bergabstück erholen. Nun geht es noch zwei Kehren gemütlich weiter, bis man schließlich bei der Hütte ankommt. Innen klein, aber draußen gibt's genug Platz. Und wenn alle Bänke voll sind, kann man es sich auch auf der Rodel gemütlich machen. Für Kinder ist rund um die Hütte viel Platz zum im Schnee Herumtollen.
Die Abfahrt zählt eher zu den gemächlichen. Nur wenn sonst überall schon Schneemangel herrscht, es aber noch kalt und eisig ist, dann wird die Bahn etwas schneller. Gleich nach den schnellen ersten Kehren folgt das Flach-

stück, wo man ein paar Meter wieder gehen muss. Anschließend folgt der Stich – das einzige Steilstück oberhalb der Zirogalm ist wirklich schnell. Bei passender Schneelage kann man aber einfach daneben in den tieferen Schnee ausweichen. Nach diesem Steilstück geht es dann gleichmäßig, aber gemütlich dahin. So verliert man wenige Höhenmeter und kann lang hinunter cruisen. Ein feines Familienvergnügen.

Anfahrt: Brennerautobahn bis zur Ausfahrt Brennerbad (gleich nach dem Grenztunnel), weiter bis Brennerbad, nach dem Ortsende Brennerbad ca. 1,5 Kilometer, dann links unter der Autobahn durch, die Straße noch ca. 1 Kilometer bergauf bis zum kleinen Parkplatz. Bei Schneefahrbahn ist Kettenpflicht. Dann kann man aber auch gleich von der Unterführung weggehen (wenn man einen Parkplatz findet), herunter ist ab dem Parkplatz allerdings offiziell Rodelverbot.

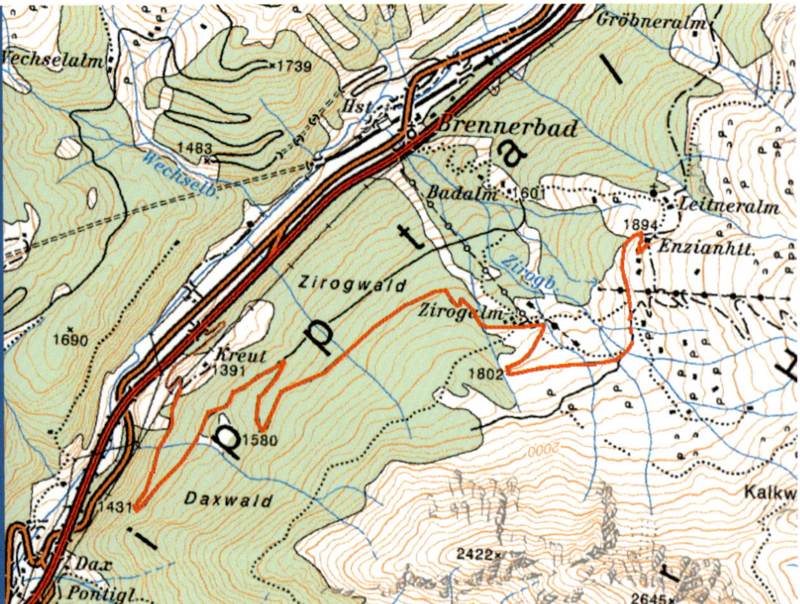

20 Padaun

Sonnig und leicht befahrbar präsentiert sich die Padauner Rodelbahn im wildromantischen Valser Tal. Auf dieser noch relativ ruhigen Rodelpartie ist man umgeben von den höchsten Gipfeln der Zillertaler Alpen und genießt eine schneesichere Abfahrt.

Ausgangspunkt: Ortsteil Padaun in Vals, 1570 m
Länge: 1,8 km
Höhendifferenz: 200 m
Gehzeit: 45 min
Kontakt: 05279/5390, Berggasthof Steckholzer

Das Valser Tal, ein 6 Kilometer langes Seitental des Wipptals, ist ein ideales Erholungsgebiet für alle Ruhesuchenden und einer der schönsten Landstriche Tirols. Schon seit dem Jahr 1941 ist diese einzigartige Tallandschaft ein erklärtes Naturschutzgebiet und auch in Brüssel als „Natura 2000 Gebiet“ gemeldet. Nachdem sie es

besichtigt hatten, bezeichneten Abgeordnete des Europaparlaments im Jahre 1998 das Tal als ein „überirdisch schönes Paradies", welches unbedingt zu erhalten sei. Padaun ist ein Ortsteil von Vals, das inmitten der Bergkulisse der Zillertaler Alpen liegt. Fußstein, Olperer, Schrammacher, Alpeiner Scharte, Hohe Wand, Sagwandspitze – um nur einige zu nennen – sind hier die bevorzugten Ziele der Bergsteiger. Im Winter kommen hier aber auch Skitourengeher und Rodler nicht zu kurz. Für letzteres sorgt die Rodelroute, die beim Berggasthof Steckholzer startet.
Diese Bahn ist noch relativ unbekannt und deshalb nicht überlaufen. Sehr schneesicher gelegen zeichnet sie sich durch ihre idyllische Landschaft aus. Wenn keine Sonne scheint, kann es hier ziemlich kalt werden, weshalb man sich gut einmummen und warm genug ausrüsten sollte. Dann ist man für einen schönen Aufstieg bereit. Dieser verläuft recht unkompliziert durch den lichten Wald.
Oben angekommen findet man sich inmitten einer zauberhaften Winterlandschaft wieder. Durch die geringe Anzahl an Höhenmetern kommen auch die Kleinen hinauf. Einkehren kann man hier jedoch nicht, dafür gibt's nach der Abfahrt den Gasthof Steckholzer – eine gemütliche Einkehrmöglichkeit mit guter Bewirtung und familiärer Atmosphäre. In der urigen Stube kann man sich aufwärmen, während man hervorragend verköstigt wird.
Für Bewegungshungrige bietet

sich von oben aus auch gleich noch eine lawinensichere, meist gut gespurte Skitour auf den Padauner Hausberg, die Vennspitze, an. Den Gipfel in 2330 Metern Seehöhe erreicht man nach einem knapp zweistündigen Aufstieg. Bei guten Sichtverhältnissen kann man von dort seinen Blick über den Olperer bis hin zur Nordkette schweifen lassen.
Die Abfahrt mit der Rodel beginnt sonnig und führt in leichten Kurven durch den Wald. Die Bahn ist dank ausreichend Schnee fast immer eisfrei. Auf der wenig frequentierten Talfahrt lässt sich ein temporeiches Rodelvergnügen genießen.

Anfahrt: Den Ausgangspunkt für diese Rodelpartie erreicht man von Innsbruck kommend über die mautpflichtige Brennerautobahn, die man bei der Abfahrt Matrei/ Steinach verlässt. Hinter der Autobahnabfahrt geht es rechts weiter in Richtung Steinach am Brenner. Nachdem man durch diese Ortschaft durchgefahren ist, folgt man der Abzweigung ins Schmirntal. Anschließend nimmt man die Straße, die rechts in das Valser Tal und nach Padaun führt. Im Valsertal dem Wegweiser nach Padaun folgen (Kettenpflicht oder Allradantrieb).

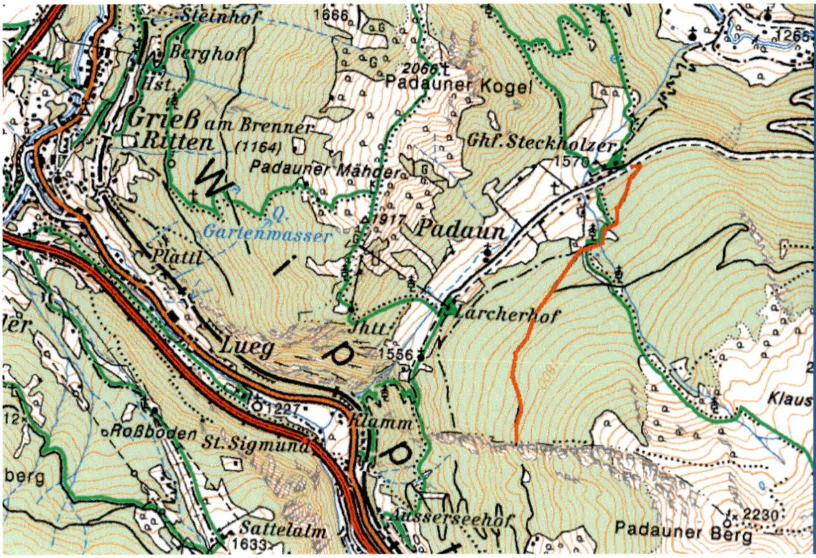

Route 20 Padaun

21 Kemater Alm

Auf der wunderschönen Rodelroute zur Kemater Alm geht man den erhabenen und schroffen Felsen der Kalkkögel entgegen. Der überwältigende Eindruck der markantesten Gesteinsformation des Mittelgebirges prägt diese ausgedehnte und variantenreiche Bahn, die außerdem ein rasantes Fahrvergnügen bietet.

Ausgangspunkt: Parkplatz beim Sportcafé in der Gemeinde Grinzens, 950 m
Länge: 5,7 km
Höhendifferenz: 680 m
Gehzeit: 120 min
Kontakt: 0664/9156634, Kemater Alm

Die in der Region sehr beliebte Rodelbahn befindet sich auf dem Gemeindegebiet von Grinzens, das südwestlich von Innsbruck am Eingang des Sellraintals liegt. Hier sind die Natur und das kulturelle Landschaftsbild noch größtenteils unverfälscht. Das Tal wird landwirtschaftlich nach

wie vor stark vom Bergbauerntum bestimmt. Im Sellrain kommen sowohl im Sommer als auch im Winter alle Bergbegeisterten auf ihre Kosten. In der kalten Jahreszeit erfreuen sich Tourengeher, Langläufer, Ski- und Snowboarder genauso wie Rodler an den unberührten Landstrichen. Für letztere ist die Bahn der Kemater Alm ein reizvolles Ausflugsziel.
Der Aufstieg beginnt beim Parkplatz des Sportcafés und ist besonders am Vormittag sehr sonnig. Entlang des Laufs des Sendersbachs führt der Weg geradlinig zunächst noch flach, aber im weiteren Verlauf stetig ansteigend dahin. Während man dem Tal folgt, fordern kurze steilere Stücke immer wieder Kraft und Kondition, bis unterhalb der markanten Felsen der Kalkkögel die Kemater Alm auftaucht, die man über eine große Lichtung erreicht.
Lohn für ihre Mühen finden alle fleißigen Berggeher auf der gemütlichen und schön gelegenen Alm. Hier kann man es sich entweder auf der Sonnenterrasse, von der man eine grandiose Aussicht auf das Mittelgebirge genießt, oder in der behaglichen Stube bequem machen. Auch ein selbstgebackener Apfelstrudel und andere kulinarische Köstlichkeiten sind auf der Kemater Alm für den hohen Wohlfühlfaktor mitverantwortlich. Nach dieser Stärkung geht's wieder retour.
Die Abfahrt durch das Tal beginnt mit sanften Kurven und einem gleichmäßigen Gefälle, das den Rodler auf die Bahn einstimmt. Im Mittelteil wechselt der Charakter der Strecke und es beginnt ein gerades und sehr schnelles Stück, auf dem man rasch an Tempo gewinnt. Gegen Ende wird es dann wieder flacher und man kann die Kufen seiner Rodel auskühlen lassen.

Anfahrt: Von Innsbruck aus fährt man in Richtung Axams und von dort weiter nach Grinzens. Nach 2 Kilometern überquert man eine Brücke. Dann nimmt man die Straße, die links hinauf zum

Sportcafé führt. Dort befinden sich ausreichend gebührenpflichtige Parkmöglichkeiten. In Grinzens kann man auch direkt im Ort sein Fahrzeug abstellen.
Wer die Anreise mit öffentlichen Verkehrsmitteln bevorzugt, nimmt die Postbusverbindung zwischen Innsbruck Hauptbahnhof und Grinzens. Bei der Haltestelle „Grinzens Café Olympia" muss man aussteigen und der Beschilderung zur Kemater Alm folgen.

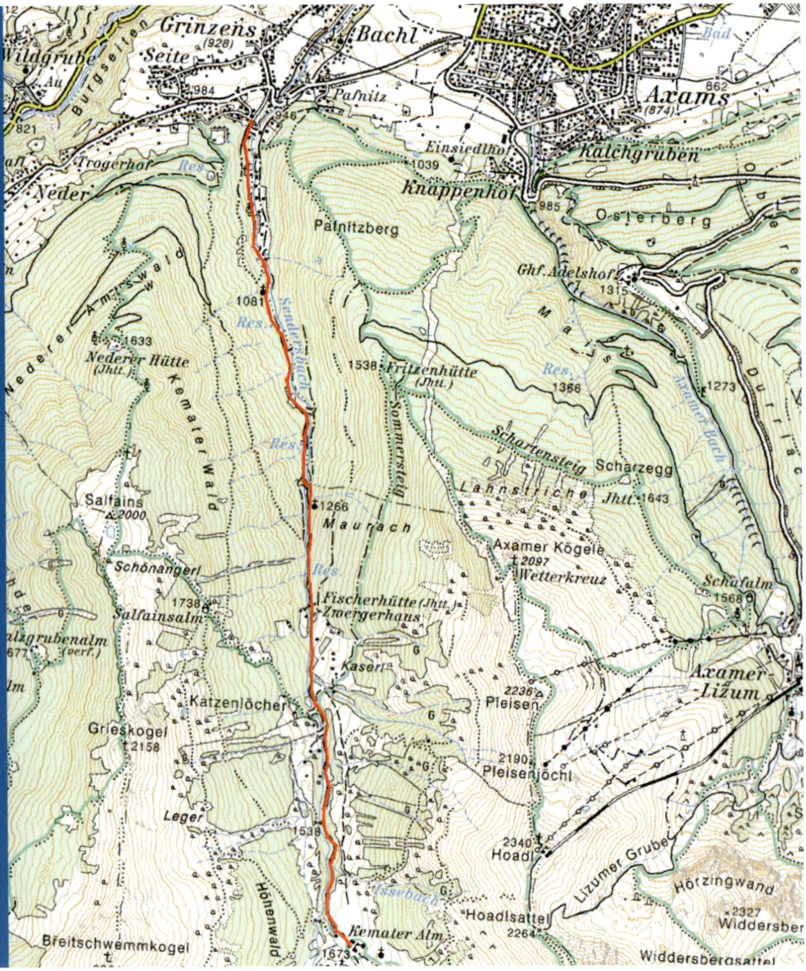

22 Fotsch
Bergheim, Potsdamer Hütte, Furggesalm

Die Rodelbahn in der Fotsch ist zu Recht eine der beliebtesten Bahnen der Innsbrucker. Mit dem Auto ist sie von der Stadt aus schnell erreicht und außerdem herrschen hier gute Schneeverhältnisse. Die attraktive Route in den nördlichen Stubaier Alpen kann in der Länge variiert werden und bietet ein traumhaftes Naturerlebnis.

Ausgangspunkt: Parkplatz Tanneben, Sellrain 1090 m
Länge: (1) 3,3 km, (2) 8,2 km, (3) 7,4 km
Höhendifferenz: (1) 370 m, (2) 920 m, (3) 850 m
Gehzeit: (1) 60 min, (2) 160 min, (3) 150 min
Kontakt: 0664/2245572, Alpengasthof Bergheim (1); 05238/52061, Potsdamer Hütte (2)

Die Fotsch – wie das Fotschertal, ein südliches Seitental des Sellraintals, genannt wird – ist aufgrund der unberührten Natur ein bekanntes Wander-, Rodel- und Skitourengebiet. Nicht nur die von hier aus auf schönen Routen erreichbaren Gipfel sind begehrte Ziele der

Bergbegeisterten, sondern auch der Alpengasthof Bergheim und die Potsdamer Hütte sind von den Besuchern des Fotschertals hoch geschätzt – besonders im Winter!
Die Rodelbahn des Fotschertals kennt jeder als die übersichtliche, breite Rodelbahn des Alpengasthofs Bergheim. Doch ausgehend von dieser Standardvariante gibt es noch zwei weitere Möglichkeiten, den Aufstieg und die Abfahrt zu verlängern. Diese sind zwar nicht immer präpariert, aber wenn sie es sind, bieten sie puren Rodel- und Naturgenuss. Vom Parkplatz Tanneben aus wandert man taleinwärts immer dem Fotscherbach entlang. Die Strecke zieht sich ebenmäßig bis zu einem Flachstück vor der Brücke dahin. Hier geht man links weiter, wenn man in Gesellschaft sein möchte. Wer allein sein will, nimmt den Weg rechts in Richtung Almindalm; dieser ist aber nicht immer geräumt. Von der Abzweigung aus ist es bis zum ersten Ziel nicht mehr weit. Bereits nach kurzer Strecke erreicht man den Alpengasthof Bergheim (1).
Diese Einkehrmöglichkeit besitzt genügend Sitzplätze, auf denen man es sich gemütlich machen kann. Außerdem stellt das Bergheim auch Leihrodeln zur Verfügung.

(2) Wer noch genügend Kraftreserven hat, kann vom Bergheim weiter bis auf die Potsdamer Hütte gehen. Achtung: Hier ist Rodeln offiziell verboten! Bald nach dem Alpengasthof wird das Tal weit und es eröffnen sich unglaublich schöne Ausblicke. Nach einem Flachstück geht es rechts noch einmal steiler bergauf, bis die Hütte nach einem anspruchsvollen Aufstieg erreicht ist.
Die Potsdamer Hütte liegt auf einer traumhaften Aussichtsplattform mit bestem Blick auf die 3026 Meter hohe Lisener Villerspitze. Das gemütlich beheizte Hütteninnere und die gute Verköstigung sind hier der Lohn für die vielen Höhenmeter, die man bereits hinter sich gebracht hat. Die Abfahrt kann zunächst mit hohem Tempo gestartet werden. Nach dem flotten Beginn folgt im Mittelteil ein Stück zum Ziehen. Der letzte Teil der Strecke bis zum Bergheim ist wieder schneller zu befahren.
(3) Eine dritte Variante führt vom Alpengasthof Bergheim aus auf die Furggesalm. Diese Route führt zu einem ruhigen Fleckchen in wunderschöner Lage. Dafür lässt man das Bergheim rechts liegen und folgt dem Weg weiter taleinwärts. Die Abzweigung auf die Furggesalm ist markiert und führt uns links den Hang entlang bergaufwärts. Die sonnig gelegene Alm ist im Winter zwar meist geschlossen, dafür ist man hier aber ungestört.
Die sonnige Fahrt mit der Rodel zurück hinunter zum Alpengasthof Bergheim ist sehr schön und führt kurvenreich dahin – eine wirklich attraktive Strecke!
(1, 2, 3) Auf der Abfahrt folgt kurz nach dem Bergheim ein Flachstück, das nur ein guter „Waxler“ durchfahren kann. Anschließend wird die Bahn wieder steiler und die Rodelfahrt erreicht eine angenehme Geschwindigkeit. Vorsicht vor eventuell entgegenkommenden Autos! Da rechts der Route der Bach verläuft, ist eine gute Kontrolle der eigenen Rodel die Voraussetzung für eine sichere Fahrt.

Anfahrt: Von Innsbruck aus fährt man in Richtung Bregenz/Garmisch auf die A12 Inntalautobahn. Dieser folgt man bis zur Abfahrt Zirl Ost und verlässt sie in Richtung Kematen. Die Beschilderung führt einen weiter in das Sellraintal hinein. Im Ort Sellrain biegt man dann links ab und gelangt auf die Götzner Landesstraße in Richtung Fotsch, Tanneben und Birgitz. Geradeaus ca. 1,2 Kilometer weiterfahren bis zur Kehre, wo sich ausreichend gebührenfreie Parkplätze befinden.

Mit öffentlichen Verkehrsmitteln erreicht man den Beginn der Rodelbahn nicht direkt. Lediglich die Ortschaft Sellrain wird von Innsbruck aus mit Postbussen angesteuert. Von dort ist es noch ein ca. 1,2 Kilometer langer Fußmarsch bis zum Parkplatz Tanneben.

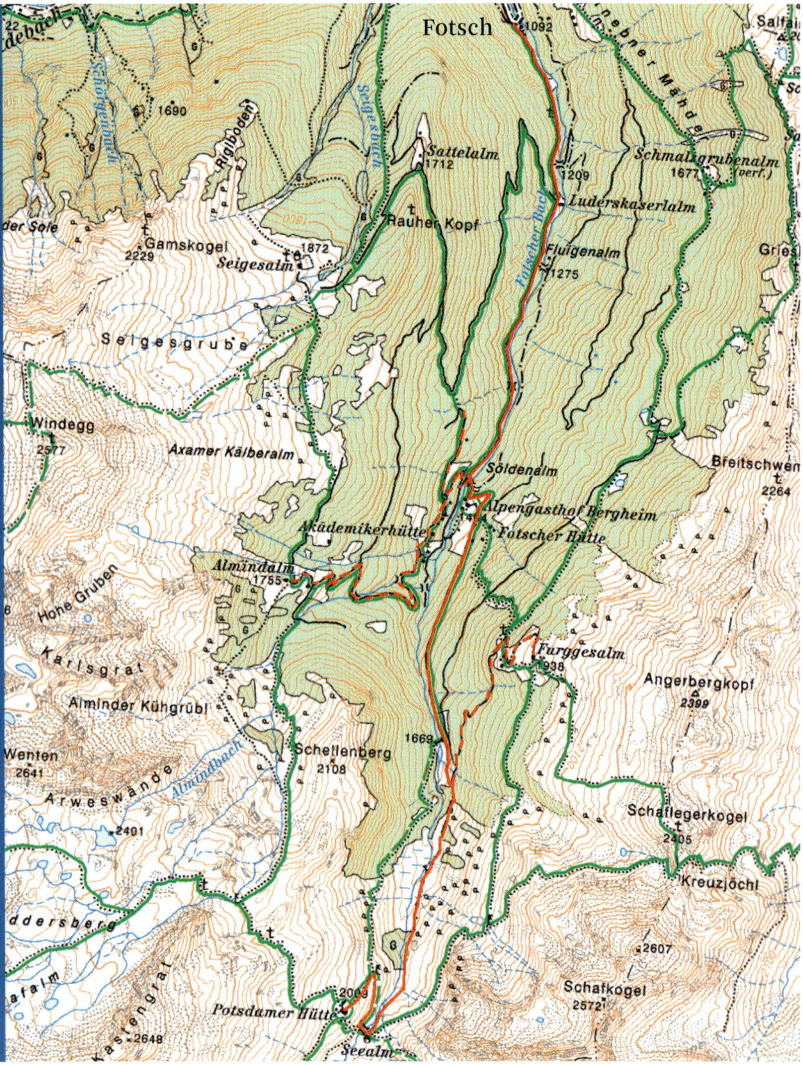

23 Juifenalm

Umgeben von herrlicher Natur führt ein attraktiver Aufstieg mit Blick auf die schönsten Gipfel der Stubaier Alpen zur hoch gelegenen Juifenalm. Von dort schlängelt sich eine lange, abwechslungsreiche und besonders schneesichere Bahn hinab ins Lüsenstal. Hier kann man Rodelsport auf höchstem Niveau ausleben!

Ausgangspunkt: Lüsenstal, Seitental des Sellraintals, nach dem Ort Juifenau, Parkplatz auf der linken Seite, 1430 m
Länge: 5 km
Höhendifferenz: 592 m
Gehzeit: 100 min
Kontakt: 0664/5305064, Juifenalm

Inmitten des schönen Lüsenstals, dem südlichsten Seitental des Sellraintals, liegt die Juifen, wie die Juifenalm kurz genannt wird, auf 2022 Höhenmetern. Damit ist sie eine der höchsten Almen in der Umgebung Innsbrucks, weshalb die Bahn der Juifen auch zu den schneesichersten im näheren

Umkreis der Hauptstadt zählt. Am Nachmittag ist der Weg meist sonnig und perfekt für einen sportlich winterlichen Ausflug geeignet.
Der Aufstieg beginnt gleich nach dem oberen Parkplatz mit einem kurzen Steilstück. Anschließend folgt ein sehr gleichmäßiger Anstieg mit vielen Serpentinen, der nur einmal von einem ca. 20 Meter langen Flachstück unterbrochen wird. Sobald man die ersten Höhenmeter vom Lüsenstal hinaufgestiegen ist, kann man die Aussicht auf die gegenüberliegenden Berge – wie Freihut, Grießkogel und Lampsen – genießen. Vielleicht ist man von diesem Anblick sogar so beeindruckt, dass man am nächsten Tag mit den Tourenskiern einen der Gipfel erklimmt. Bereits gut die Hälfte des Weges ist geschafft, wenn auf einer Lichtung eine Jagdhütte auftaucht. Entlang der Strecke gibt es immer wieder wunderschöne Naturimpressionen, die den Aufstieg kurzweilig gestalten: wie zum Beispiel der gefrorene Bach, den man immer wieder kreuzt, oder der glitzernde dicke Reif.
Die Juifenalm selbst liegt knapp oberhalb der Baumgrenze und ist klein aber fein. An sonnigen Wochenenden wird es manchmal schwer, einen Platz zu finden, denn die Alm ist ein beliebtes Ausflugsziel. Bei viel Sonnenschein werden aber auch im Freien einige Biertische aufgestellt. Neben der guten Verpflegung mit Tiroler Schmankerln ist hier auch die Hausordnung, die Interessierte gleich neben der Tür zum Nachlesen finden, etwas Besonderes. Seit 2008 gibts neue Wirtsleut, die weiterhin engagiert für den Rodelsport da sind und so die Bahn meist sehr gut in Schuss ist.
Die abwechslungsreiche Abfahrt ist 5 Kilometer lang – eine Distanz, für die sich der Aufstieg lohnt und die Rodlern viel Vergnügen bereitet. Die Strecke vereist nur langsam und es zeigt sich hier nur selten

ein Stein. Die gleichmäßigen Kurven, die scharfen Kehren und der im Gegensatz zu anderen Bahnen praktisch nicht vorhandene Autoverkehr machen das Rodeln von der Juifenalm zu einem sportlichen Genuss, der am besten gar nicht mehr aufhören sollte.

Anfahrt: Von Innsbruck aus fährt man in Richtung Bregenz/Garmisch auf die A12 Inntalautobahn. Dieser folgt man bis zur Abfahrt Zirl Ost und verlässt sie in Richtung Kematen. Die Beschilderung führt einen weiter in das Sellraintal hinein. In Gries im Sellraintal zweigt man links Richtung Lüsens/Praxmar ab und fährt durch die Ortschaft Juifenau hindurch. Ca. 500 Meter nach dem Ortsende weist ein Schild links zur Juifenalm. Hier befindet sich links oben ein kleiner Parkplatz mit steiler und manchmal rutschiger Zufahrt. Als Alternative kann man auch rechts unterhalb der Straße, am großen Parkplatz, sein Fahrzeug abstellen (beide gebührenpflichtig).

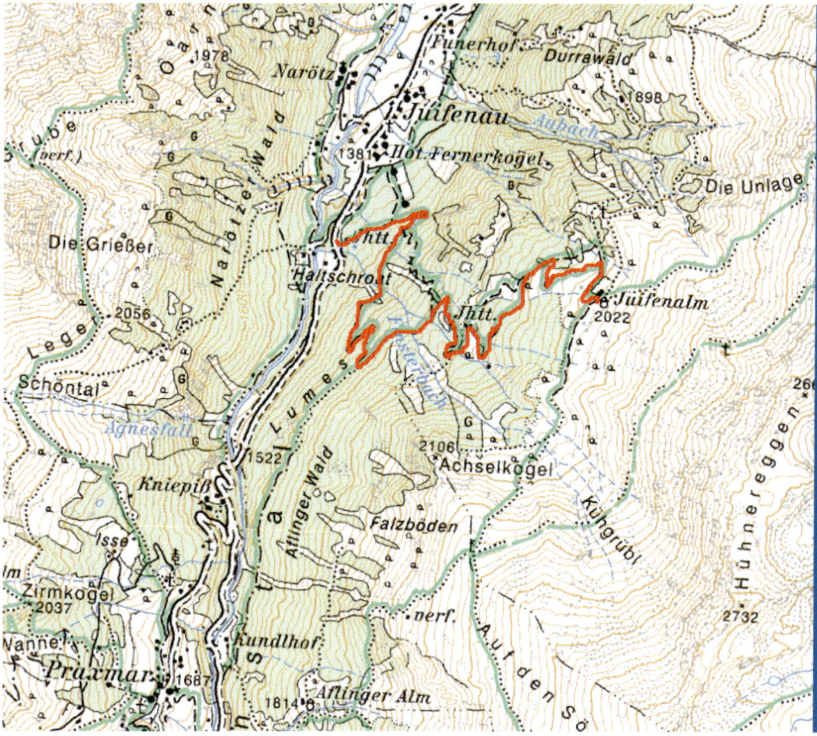

24 Gleirschalm

→ teilweise getrennter Aufstiegsweg

Die außerordentlich familienfreundliche Bahn der Gleirschalm ist ideal für einen einfachen und gemütlichen Auftakt in die Rodelsaison! Zwar ist die Abfahrt nicht sehr lang, dafür aber bestens präpariert, beleuchtet, frei von Gegenverkehr und den ganzen Winter hindurch sehr gut befahrbar.

Ausgangspunkt: St. Sigmund im Sellraintal, 1515 m
Länge: 1,6 km
Höhendifferenz: 150 m
Gehzeit: 35 min
Kontakt: 0664/3254697, Gleirschalm

St. Sigmund befindet sich im hintersten Sellraintal, dessen Talabschluss mit dem Lüsener Fernerkogel auf 3299 Höhenmetern als einer der schönsten in ganz Nordtirol gilt. Die Gemeinde liegt am Beginn des Gleirschtals, das südlich vom Sellraintal abzeigt. Von hier aus erreicht man über einen einfachen Weg, der auch für kleine Kinder gut zu bewältigen ist, die gemütliche Gleirschalm. Diese Route ist zu Recht ein sehr beliebtes Ausflugsziel für Familien und Rodelanfänger, da die Bahn sehr sicher und größtenteils ohne Gegenverkehr zu befahren ist. Durch die hohe Lage ist sie außerdem sehr schneesicher, was besonders an sonnigen Wochenenden viele Rodelbegeisterte anlockt. Der Aufstieg führt zu Beginn, die ersten 500 Meter, noch entlang der Rodelbahn. Doch dann trennt sich die als „Winterweg“ ausgeschilderte Aufstiegsstrecke von der späteren Abfahrt und ab hier kann man die Vorteile eines separaten Almzugangs genießen. Ohne auf entgegenkommende Rodler achten zu müssen, steigt man den kurzen Weg taleinwärts in gemächlicher Steigung bergauf. Bereits nach einer guten Dreiviertelstunde ist die nette Alm erreicht.

Die Gleirschalm bietet eine gemütliche Stube mit tollem Kachelofen, freundliche Bewirtung und ausgezeichnete Hausmannskost – kurz gesagt: alles was man für eine erholsame Einkehr braucht. Sie ist sehr beliebt und am Wochenende gut besucht.

Die Abfahrt ist auch für Kinder, die erst seit kurzem selbständig rodeln, geeignet. Auf der bestens präparierten Route hat man zwei Kurven lang ein tolles Rodelvergnügen.

Eine Besonderheit der Bahn ist die Möglichkeit zum Nachtrodeln. Die Abfahrt wird bis nach Mitternacht von Straßenlaternen erhellt.

Allerdings ist der Winterweg, der als getrennter Aufstiegsweg genutzt wird, nicht beleuchtet. Also Lampen nicht vergessen, oder besser: die nächtliche Stimmung genießen!

Anfahrt: Von Innsbruck aus fährt man in Richtung Bregenz/Garmisch auf die A12 Inntalautobahn. Dieser folgt man bis zur Abfahrt Zirl Ost und verlässt sie in Richtung Kematen. Die Beschilderung führt einen weiter in das Sellraintal hinein. Dieses fährt man bis zur Gemeinde St. Sigmund entlang. Dort findet man in der Kehre links einen großen, gebührenpflichtigen Parkplatz. An schönen Wochenenden können die Parkmöglichkeiten aber knapp werden.
Die Rodelbahn der Gleirschlam ist auch mit öffentlichen Verkehrsmitteln problemlos zu erreichen. Von Innsbruck aus fahren Busse über Völs, Kematen, Sellrain und Gries nach St. Sigmund (und weiter bis ins Kühtai). Die Haltestelle „St. Sigmund im Sellraintal – Gleirschtal" liegt an der Landesstraße ca. 200 Meter unterhalb des Beginns der Rodelbahn.

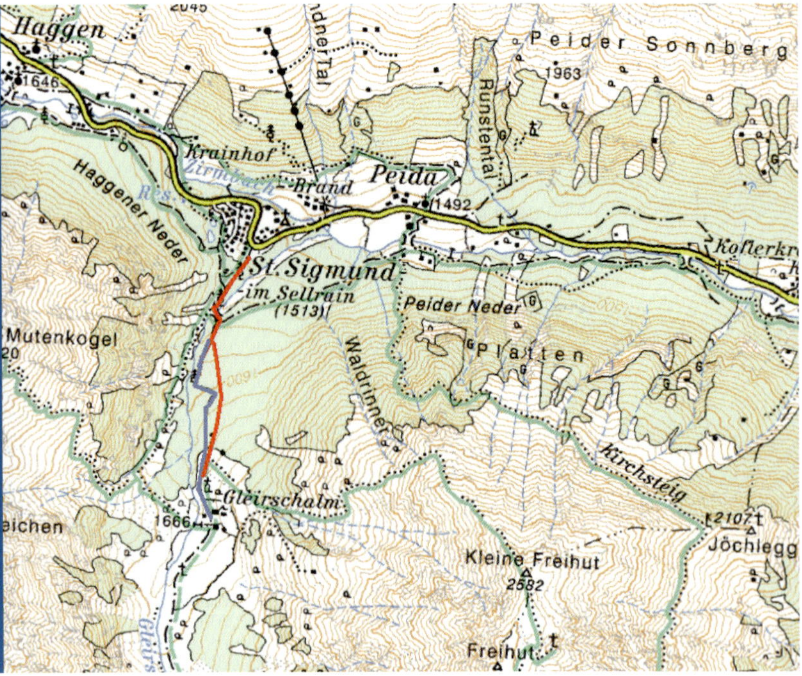

25 Graf-Ferdinand-Haus

→ **Aufstiegshilfe:** Rodeltaxi

Wer im Frühling noch immer nicht genug hat, für den ist das Kühtai genau das Richtige: Die Rodelbahn vom Graf-Ferdinand-Haus im hochgelegenen Kühtai ist meist so lange befahrbar, bis auch der Skibetrieb eingestellt wird. Im Winter kann man nach einem Skitag noch eine kurze Rodelpartie anhängen.

Ausgangspunkt: Kühtai, Parkplatz Drei-Seen-Bahn, 1050 m
Länge: 2,5 km
Höhendifferenz: 200 m
Gehzeit: 45 min
Kontakt: 05239/21666, Graf-Ferdinand-Haus

Im Sommer ist die Rodelbahn Teil der Wartungsstraße des Finstertaler Stausees, deshalb ist die Steigung dieser Bahn besonders gleichmäßig. Vom Start schon kann man das Ziel sehen, die Wanderung wird aber dank der tollen Ausblicke nie langweilig. Nach der ersten langen Geraden

beginnen die Kurven unterhalb der gewaltigen Staumauer. Hier heroben sind die Schneemauern manchmal so hoch, dass man dann nur mehr schwer ins Tal sehen kann. Doch schon nach kurzer Zeit ist man bei der Hütte angelangt und spätestens da kann man wieder nach unten und zu den gegenüberliegenden Pisten sehen. In der Nacht sieht man oft die Ratracs wie überdimensionale Leuchtkäfer auf der anderen Seite herumkrabbeln.
Die Hütte bietet innen ausreichend Platz und draußen eine feine Sonnenterrasse und ist in der Saison durchgehend geöffnet. Untertags teilt man sich den Platz mit den Skifahrern. Eine Besonderheit ist auch, dass es keine Hüttenruhe gibt – Voranmeldung erwünscht – und die Beleuchtung erst um 1:00 Uhr ausgeschaltet wird.
Wie schon beim Aufstieg geht's auch sehr gleichmäßig bergab. Zuerst gibt's schön gleichmäßige Kurven, die niemanden überfordern sollten. Nach der letzten Linkskurve beginnt dann die lange Schlussgerade. Hier kann

man Geschwindigkeitsrekorde versuchen, da die Bahn durch die hohe Lage auch meist sehr hart ist. Zwei Sachen sind zu beachten: Auf dieser Bahn sind viele Touristen unterwegs, die das Rodeln manchmal nicht beherrschen, also Rücksicht nehmen und Überholen ankündigen. Außerdem ist das Rodeltaxi häufig unterwegs – aufs Hupen achten.

Anfahrt: Von Innsbruck kommend im Kühtai durch den Ort wieder hinunter, links zur Drei-Seen-Bahn, dort ist ein großer Parkplatz. Die Rodelbahn beginnt östlich vom Parkplatz unterhalb vom Hotel Alpenrose.

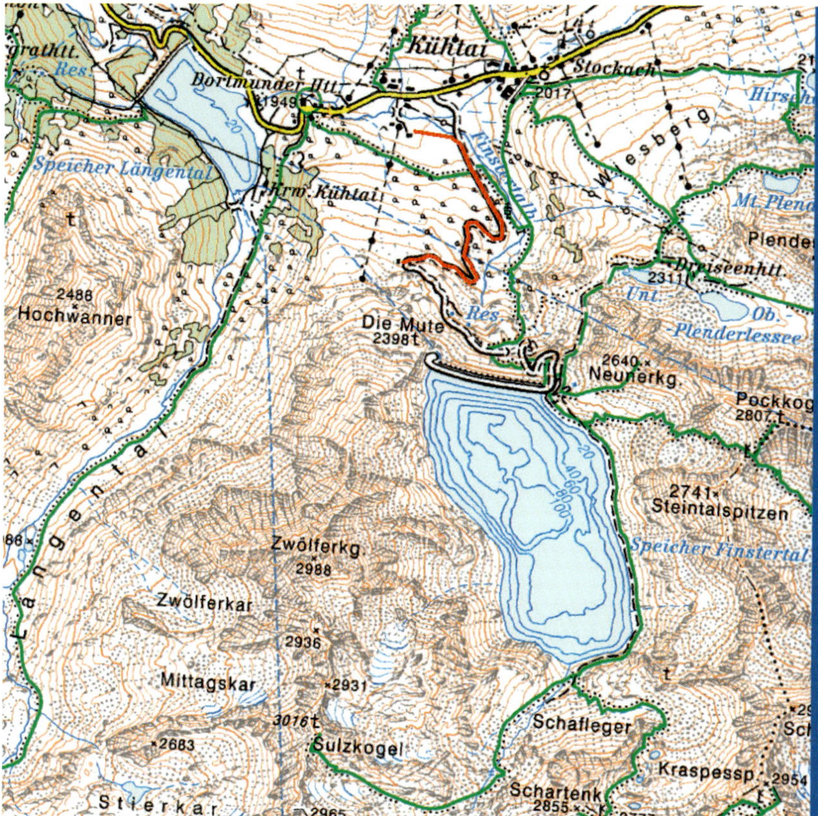

26 Sonnenstein

→ Aufstiegshilfe: Rodeltaxi
→ getrennter Aufstiegsweg

Auf der Schattenseite unter der Serles gelegen findet man hier eine noch relativ unbekannte Hütte, weshalb hier – im Gegensatz zu Maria Waldrast auf der anderen Seite des Jochs – meist nicht ganz so viele Leute unterwegs sind. Die Bahn ist bis auf ein ganz kurzes Gegenanstiegsstück sehr ausgewogen. Sie bietet statt Kehren sehr schöne Kurven.

Ausgangspunkt: Parkplatz oberhalb von Medraz
Länge: 4,1 km
Höhendifferenz: 410 m
Gehzeit: 75 min
Kontakt: 0664/1212645, Gasthof Sonnenstein

Fast durchgehend verläuft diese schöne Bahn im Wald. Besonders, wenn sonst im Wipptal überall der Föhn bläst, ist es hier verhältnismäßig windstill und fein. Gleich oberhalb des kleinen Parkplatzes in Medraz beginnt die Bahn mit der einzigen Kehre,

die es hier gibt. Dann geht es durchgehend Richtung Osten im Wald am Fuße der Serles entlang. Nachdem man schon einiges an Höhe gemacht hat, gelangt man zum kurzen Gegenanstieg. Hier hat man schon den Großteil geschafft. Bald darauf erscheint die Alm. Wer hier noch Lust zum Weitergehen hat, kann noch ca. 100 Höhenmeter raufgehen. Manchmal ist sogar der Weg bis zum Waldrastsattel berodelbar, wenn er genug ausgetreten und der Schnee hart genug für die Rodelabfahrt ist.
Die Alm bietet ausreichend Sitzplätze und gemütliche Stimmung – die Wand in der hinteren Stube zeugt von Jagderfolg. Wenn die Sonne im Spätwinter wieder über die Serles scheint, ist es auf der Terrasse der Sonnensteinalm besonders schön.
Die Abfahrt verwöhnt mit sehr sauber fahrbaren Kurven. Die Steigung ist toll und man kann es manchmal richtig krachen lassen, die Strecke ist aber familientauglich. Einige unerfahrene Rodler sind hier meistens auch unterwegs, also Vorsicht beim Überholen. Kehren meistern braucht hier niemand, Kurven gibt es aber genug für tollen Rodelgenuss.
Auch der Gegenanstieg ist nicht der Rede wert, absteigen wird aber hier fast jeder müssen. Durch den Wald, der die Sonnenstrahlen vom Schneeschmelzen abhält,

und durch das Engagement der Wirtsleute ist die Bahn auch meist sehr gut in Schuss. Die einzige Kehre zum Schluss dient wahrscheinlich nur dazu, dass man nicht ungebremst auf den Parkplatz rodelt.

Variante Waldrastsatteldoppel: Wer sich mit seiner Rodel einmal richtig austoben will, kann von der Sonnsteinalm weiter über den Waldrastsattel gehen. Allerdings sollte man vorher fragen, ob der Weg hinauf schon fest genug ist – oder einfach selber probieren! Dann kann man die tolle Bahn von Maria Waldrast runterpfeifen und anschließend wieder über den Sattel ins Stubai gehen. Wer unten in Matrei keine Kraft mehr hat, kann sich dort auch vom Rodeltaxi wieder hinauf bis Maria Waldrast chauffieren lassen. So wird Rodeln zum ganztägigen Erlebnis.

Anfahrt: Über die Brennerautobahn ins Stubaital, dort nach Medraz abbiegen, unter der Bundesstraße in den Ort. Im Ort der gelben Beschilderung zum Berggasthof Sonnenstein hinauf folgen, am südöstlichen Ortsende ist ein kleiner Parkplatz. Wenn dort nichts mehr frei ist, finden sich unterhalb im Ort genug Plätze.

27 Pinnisalm
Herzeben Alm,
Issenangeralm

Diese wunderschöne Almtour auf die Pinnisalm, inmitten der traumhaften Bergkulisse der Stubaier Alpen, beschert allen Wintersportbegeisterten einen landschaftlich reizvollen Ausflug mit der Rodel. Hier genießt man eine fahrtechnisch interessante und außergewöhnlich lange Abfahrt!

Ausgangspunkt: Parkplatz Neder, einem Ortsteil von Neustift, 1020 m
Länge: 9,4 km (2,5 km (1), 4,5 km (2))
Höhendifferenz: 730 m (350 m (1), 550 m (2))
Gehzeit: 180 min (45 min (1), 120 min (2))
Kontakt: 05226/2270, Talstation Elferlifte

Das Stubaital ist nicht ohne Grund eine der beliebtesten Wintersportregionen des Landes. Es beheimatet das größte Gletscherskigebiet Österreichs mit über 100 bestens präparierten Pistenkilometern in allen Schwierigkeitsgraden und 24 modernen Liftanlagen. Darüber hinaus hält es auch für Rodler einige Highlights bereit. Unter anderem die längste Naturrodelbahn Tirols. Auf der Höhe der Gemeinde Neustift mündet bei Neder vom Süden her das wildromantische Pinnistal ins Stubaital. Dieses wunderschöne Seitental beheimatet herrliche Almen, umrahmt vom traumhaften Bergpanorama der Stubaier Alpen.

Ein besonders beeindruckendes Naturerlebnis ist die Rodelroute auf die Pinnisalm. Diese Tour kann man je nach Lust und Laune durch die zwei gemütlichen Almen entlang des Weges auch kürzer oder länger gestalten. Zu beachten ist, dass nach starkem Schneefall die Strecke hinter der Issenangeralm wegen Lawinengefahr gesperrt sein kann.

Der Aufstieg beginnt gleich richtig steil mit Blick auf stark abschüssige, bewaldete Hänge und den Pinnisbach. Doch nach den ersten zehn Minuten beginnt sich das Tal zu öffnen und man kommt aus dem Staunen gar nicht mehr heraus! Am Ende des steilen Anfangsstücks taucht schon nach kurzer Gehzeit die Herzeben Alm (1) auf. Wer es gemütlich angehen will, kann hier bereits einkehren. Auf dem weiteren Wegverlauf ist besondere Vorsicht geboten, da einem immer wieder Rodelanfänger bis zur Abzweigung bei der Issenangeralm entgegenkommen. Mit erhöhter Wachsamkeit geht es bergaufwärts die Bahn entlang weiter bis zur Issenangeralm (2). Hier ist ca. die Hälfte der Gesamtstrecke geschafft. Nach Herzeben stellt die Issenageralm die zweite Einkehrmöglichkeit am Weg dar. Von hier aus kann man auch rechts Richtung Bergstation Elferlifte abbiegen (siehe Route 20, Elferlifte). Weiter taleinwärts geht es nun

recht flach durch sanfte Wälder dahin. Immer wieder sieht man zur Linken Eisfälle, eine besondere Attraktion des Pinnistals. Wer die entsprechende Ausrüstung und das angemessene Können besitzt, kann hier perfekt eine Rodel- mit einer Eisklettertour kombinieren. Gleich nachdem man die imposanten Felsblöcke neben dem Weg passiert hat, sieht man auch schon die Pinnisalm.
Von der Alm hat man einen gewaltigen Ausblick auf den Habicht, einen der schönsten Berggipfel Tirols, bei dem die Tiroler Spezialitäten gleich noch besser schmecken. Hier findet man meist einen gemütlichen Platz, wird hervorragend bewirtet und kann sich von dem langen Aufstieg erholen.
Die Abfahrt verlangt vom Rodler viel Schwung. Bei guten Verhältnissen kann man aber bis auf einen Gegenanstieg alles durchfahren. Die steileren Stücke bieten tolles Kurvenvergnügen und unterhalb der Issenangeralm wird es sogar richtig flott. Ab hier muss auf die Rodelanfänger, die von den Elferliften herkommen, Rücksicht genommen werden. Diese ungewöhnlich lange Abfahrt ist sehr abwechslungsreich und stellt einen besonderen Rodelgenuss dar. Eine weitere Variante dieser Route ist es, von der Pinnisalm aus noch ca. 20 Minuten weiter bis zur Karalm zu gehen. (Achtung, die Karalm ist nicht immer geöffnet!) Die Abfahrt von der Karalm bis zur Pinnisalm wartet zusätzlich mit zwei engen Kehren auf.

Anfahrt: Von Innsbruck kommend nimmt man die mautpflichtige Brennerautobahn bis zur Ausfahrt Schönberg/Stubaital. Anschließend fährt man über Schönberg ins Stubaital und dort bis nach Neder, einem Ortsteil der Gemeinde Neustift. In Neder biegt man links ab, quert bei der Kirche den Bach zur Rechten und fährt dann weiter aufwärts (nicht rechts) bis zu den Parkplätzen beim Beginn der Rodelbahn.

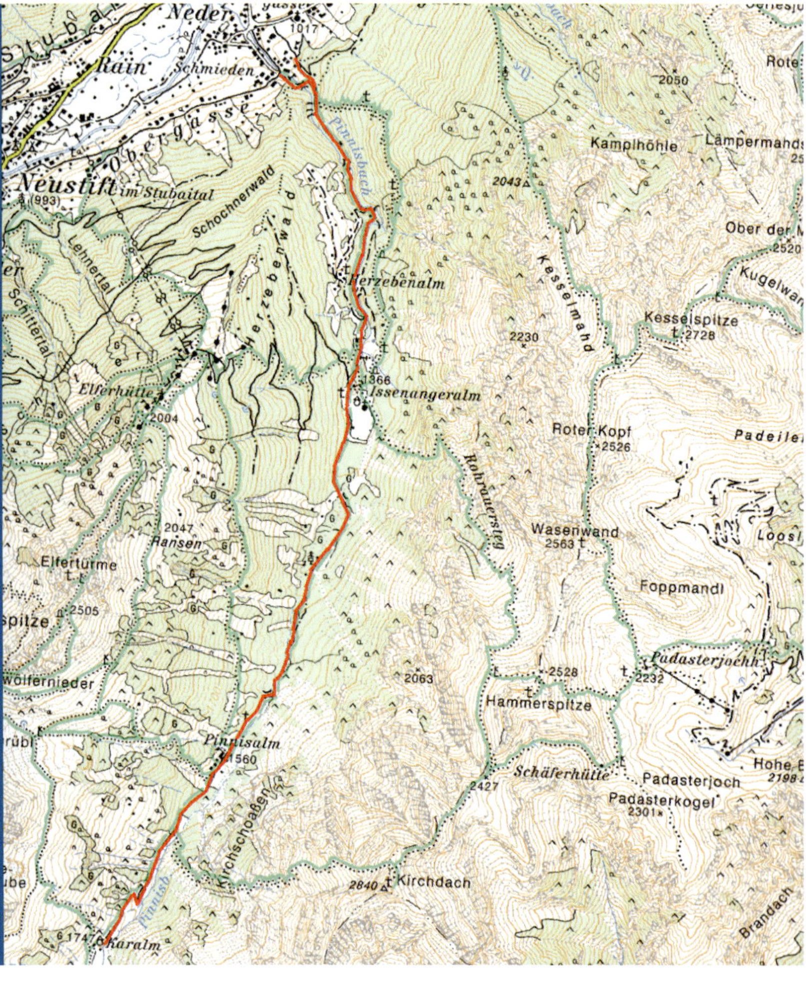

28 Elferlifte

© TVB Studbai

→ **Aufstiegshilfe:** Lift

Die sportlichen und langen Abfahrten der Elferlifte sind vor allem aufgrund der bequemen Erreichbarkeit mit der Panoramabahn ein beliebtes Ausflugsziel. Doch auch die schöne Streckenführung und kurvenreiche Abfahrt sowie die beeindruckende Aussicht auf die verschneite Bergwelt des Stubaitals begeistern.

Ausgangspunkt: Neustift im Stubaital, Talstation Panoramabahn Elfer, 990 m
Länge: 6,4 km
Höhendifferenz: 830 m
Gehzeit: 120 min
Kontakt: 05226/2270, Elferlifte Talstation

In der Gemeinde Neustift im Stubaital befindet sich das Ski- und Snowboardgebiet Elferlifte. Dieses ist besonders bei Familien und Anfängern sehr beliebt. Die 2004 neu eröffnete Panoramabahn Elfer bietet aber auch für Rodler ein Wintersporterlebnis der besonderen Art. Bei solch attraktiven technischen Neuerungen – die Fahrzeit bis zur Bergstation beträgt nur sieben Minuten – werden nur wenige den Weg hinauf zu Fuß bewältigen. Doch für die fehlende sportliche Herausforderung eines anspruchsvollen Aufstiegs stellen die Abfahrten der zwei verschiedenen Bahnen mit jeweils über 800 Metern Höhenunterschied einen angemessenen Ausgleich dar. Hier erlebt man Abfahrtsspaß und Rodelgenuss pur!

Der Aufstieg ist dank der Panoramabahn unkompliziert und komfortabel und zudem hat man eine schöne Aussicht auf das Stubaital. Oben angekommen kann man auch einkehren.

Bei der Abfahrt ist Vorsicht geboten, denn durch den leichten Aufstieg sind hier besonders viele Gelegenheitsrodler unterwegs, die ihr Gefährt nicht immer sicher beherrschen. Ausgehend von der Bergstation der Elferlifte stehen einem zwei Bahnvarianten, die wieder zurück ins Tal führen, zur Wahl:

Die erste verläuft entlang des Forstweges und schlängelt sich in mehr als 13 Kurven bergabwärts. Wo kann man seine Kurventechnik besser trainieren? Diese gleichmäßige und runde Bahn endet wieder direkt bei der Talstation in Neustift und ist gleich noch eine Fahrt wert.

Die zweite Variante führt auf der Sonnenseite ins Tal hinunter. Auch hier genießt man die schöne Streckenführung. Zunächst gelangt man zur Issenangeralm, bei der eine gemütliche Einkehr lohnt. Wer die Route verlängern will, kann sich von hier noch mit dem Rodeltaxi zur Pinnisalm bringen lassen oder diese zu Fuß ansteuern (siehe Route 21, Pinnisalm). Nach der Issenangeralm wird es immer steiler und es ist gute Rodelbeherrschung und

Rücksicht auf andere Abfahrer gefragt. Am Ende der Bahn angelangt muss man ca. 10 Minuten am beschilderten Weg retour zum Parkplatz der Elferlifte gehen. Ein abwechslungsreiches Rodeerlebnis ist bei den Elferliften sicher.

Anfahrt: Von Innsbruck kommend nimmt man die mautpflichtige Brennerautobahn bis zur Ausfahrt Schönberg/Stubaital. Anschließend fährt man über Schönberg ins Stubaital und dort bis zur Gemeinde Neustift. Dort folgt man der Beschilderung zum Parkplatz bei der Talstation der Elferlifte.
Diesen kann man auch mit öffentlichen Verkehrsmitteln erreichen. Vom Innsbrucker Busbahnhof aus fährt der Stubaitalbus der Innsbrucker Verkehrsbetriebe nach Neustift. Bei der Haltestelle „Neustift Tankstelle“ steigt man aus.

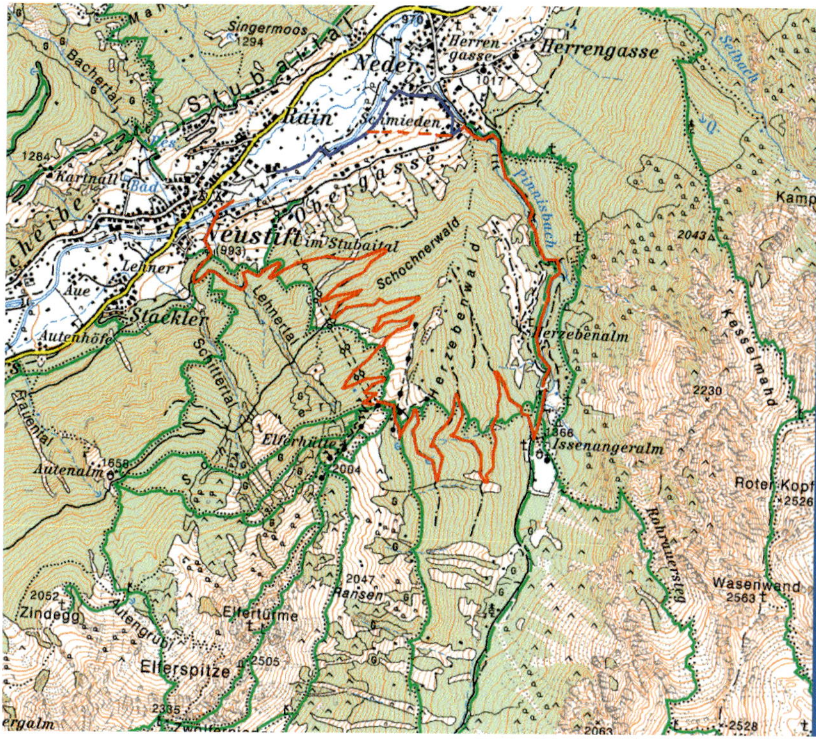

29 Brandstattalm

Hervorragend präpariert und sehr schneesicher präsentiert sich der Rodelweg zur Brandstattalm. Von dieser urigen Almhütte genießt man einen wunderbaren Ausblick auf die prominentesten Gipfel des Stubaitals und kann erholt in die familienfreundliche Abfahrt starten.

Ausgangspunkt: in Neustift im Stubaital rechts nach Milders abbiegen, dort der Beschilderung ins Oberbergtal folgen, Parkplatz nach dem Gasthof Bärenbad, 1360 m
Länge: 3,5 km
Höhendifferenz: 420 m
Gehzeit: 75 min
Kontakt: 0664/3715044, Brandstattalm

Im schmalen Oberbergtal, einem Seitental des Stubaitals, findet man bereits nach wenigen bewältigten Höhenmetern einige sehr schöne, aber trotzdem nicht überlaufene Plätze. Um diese Rodelbahn zu erreichen, muss man von Innsbruck aus zwar eine etwas längere Anfahrt in Kauf nehmen, wird jedoch auch noch nach

mehreren Sonnentagen mit guter Schneelage belohnt.
Der Aufstieg gestaltet sich durch die tollen Ausblicke auf die gegenüberliegenden, weiten Hänge sowie auf den Roten Kopf in der anderen Richtung abwechslungsreich und kurzweilig. Wem die Strecke bis zur Brandstattalm trotzdem zu lang erscheint, der hat folgende Möglichkeit, die Route um die Hälfte zu verkürzen: Man biegt dafür einfach bei der dritten Kehre links ab und geht weiter zur Auffangalm. Besonders beim Rodeln mit Kindern, die noch nicht den ganzen Weg schaffen, ist diese Variante eine interessante Alternative.
Für alle, die den Weg wie vorgesehen bis zum Ende weitergehen, hält die Brandstattalm Tiroler Spezialitäten und ein atemberaubendes Bergpanorama bereit. Von den gepolsterten Plätzen der Sonnenterrasse der rustikal-schönen Alm genießt man die Aussicht auf die Gipfel der Serles, des Elfers, des Zwölfers – um nur einige zu nennen. Besonders praktisch für alle Gelegenheitsrodler, die keine eigene Rodel besitzen, ist es, dass man sich hier eine Leihrodel mieten kann.
Frisch gestärkt und von der Sonne aufgewärmt geht's entspannt ins Tal hinunter. Die zügige Abfahrt erfreut jedes engagierte Rodlerherz mit sauberen Kehren und leicht geschwungenen Geraden. Gegen Ende sollte man sich noch einmal konzentrieren, da die Bahn hier steiler wird. Bei eisigen Verhältnissen ist darauf zu achten, früh genug den Schwung einzubremsen, damit es kein Problem darstellt, rechtzeitig vor den Autos stehenzubleiben. Dann klingt die Abfahrt dieser Rodelbahn als ein idyllisches Wintersporterlebnis aus.

Anfahrt: Die Brandstattalm befindet sich im Oberbergtal, einem Seitental des Stubaitals (nicht zu verwechseln mit dem Obernbergtal, welches vom Wipptal abzweigt). Um sie zu erreichen, nimmt man von Innsbruck kommend die mautpflichtige Brennerautobahn bis zur Ausfahrt Schönberg/Stubaital. Anschließend fährt man weiter bis nach Neustift und folgt im Ortsteil Milders der Beschilderung in Richtung Oberbergtal. Nachdem der Gasthof Bärenbad hinter einem liegt, erreicht man nach ca. 1,5 Kilometern einen kleinen Parkplatz, von dem aus direkt der Aufstieg zur Alm startet.

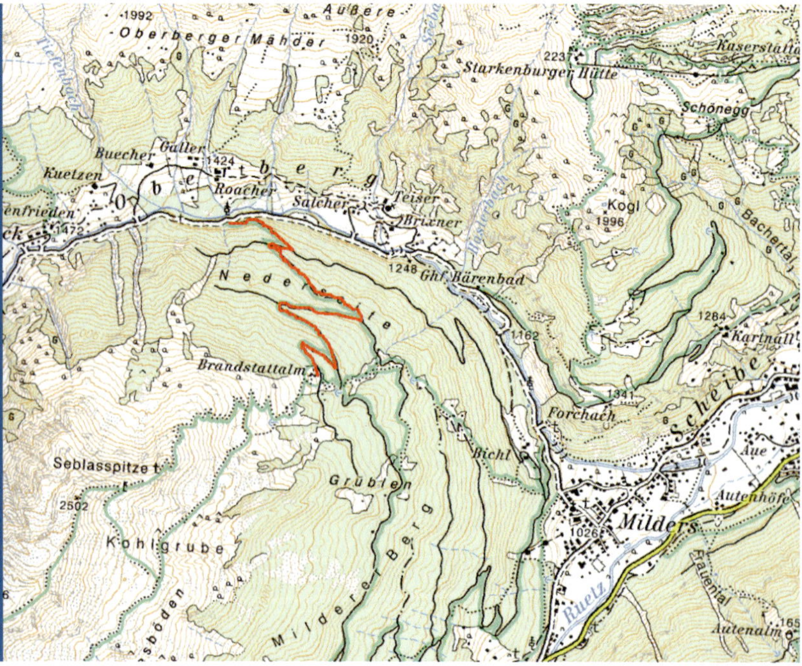

30 Brunntal

Diese Rodelbahn im wildromantischen Brunntal, das bei Zirl vom Inntal abzweigt, ist ein wunderschönes Naturerlebnis im südwestlichen Karwendelgebirge. Für fahrtechnisch sichere Rodler ist die Strecke, die von der Jausenstation Brunntal hinunter ins Tal führt, ein rasantes Vergnügen.

Ausgangspunkt: Parkplatz im Nordwesten Zirls, nach dem Ehnbach, beim Roten Kreuz, 620 m

Länge: 4 km

Höhendifferenz: 520 m

Gehzeit: 90 min

Kontakt: 05238/52235, Tourismusbüro Zirl

Die Marktgemeinde Zirl liegt ca. 10 Kilometer westlich von Innsbruck im Inntal. Der Ort erstreckt sich am Fuße des Zirler Bergs am südwestlichen Ende des Karwendelgebirges und ist deshalb ein beliebtes Ausflugsziel für Klettertouren und Wanderungen. Aber auch im Winter kann man sich hier sportlich ausleben – zum

Beispiel auf der Rodelroute zur Jausenstation Brunntal. Die Bahn führt in das wildromantische Brunntal, das hier vom Inntal abzweigt. Die Strecke ist aufgrund ihrer sonnigen Lage für eine Rodelpartie an frostigen Tagen bestens geeignet. Ein kurzer Anruf, um sich über die Schneelage zu informieren, ist aber sinnvoll.
Der Aufstieg zur Jausenstation startet unmittelbar beim Parkplatz vor dem Roten Kreuz. Von

dort folgt man den Wegweisern ins Brunntal und geht entlang der Straße 20 Meter hinauf bis zum Beginn der Rodelbahn. Der Weg führt zunächst innseitig mit einer starken Steigung dahin, wodurch man sehr schnell an Höhe gewinnt. Nach der Kehre beim Steinbruch ist die Hälfte des Steilstücks geschafft und schon bald biegt die Bahn rechts ins eigentliche Brunntal ab. Dabei lässt man ziemlich abrupt das geschäftige Inntal und die Geräuschkulisse der Autobahn hinter sich und taucht in die Ruhe und Stille des Brunntals ein. Umgeben von der schönen Landschaft vergisst man schnell, dass man gar nicht weit vom Ortszentrum entfernt ist.
Nach kurzer Zeit wird der Weg heller und man spaziert durch einen lichten Lärchenwald und einzigartige Natur. Hier begegnet man entlang der Strecke einer kleinen Ferienhaussiedlung, die davon zeugt, dass diese Gegend als Naherholungsgebiet sehr beliebt ist. Nach zwei Kurven erreicht man die Jausenstation Brunntal, die rechts oberhalb des Weges liegt. Bei der Jausenstation bietet sich eine gemütliche Einkehr zum Stärken der Kräfte an. Der Große Solstein ist hier der Gipfel, der die Aussicht und das Tal beherrscht.
Die Abfahrt verläuft anfangs in angenehmem Gefälle. Doch spätestens nach der Linkskurve

wird es extrem steil und es empfiehlt sich, auch wegen der Exponiertheit des Weges, die Zügel fest in die Hand zu nehmen. Für diese rasante Talfahrt sind gekonntes Bremsen und eine sichere Beherrschung der eigenen Rodel Voraussetzung. In Zirl angekommen, steigt man meist mit etwas Adrenalin im Blut von seinem Schlitten.

Anfahrt: Von Innsbruck kommend erreicht man Zirl am schnellsten über die Inntalautobahn. Auf diese fährt man in westlicher Richtung (Bregenz/Garmisch) auf. Bei der Abfahrt Zirl Ost verlässt man sie bereits nach wenigen Kilometern und orientiert sich an der Beschilderung nach Seefeld/Garmisch. So gelangt man direkt von der Autobahnabfahrt auf die Zirlerbergstraße, von der man aber gleich bei der zweiten Abfahrt (vorher rechts Rotes Kreuz) nach Zirl abzweigt. Dort kann man rechts beim Roten Kreuz nördlich der Straße parken.

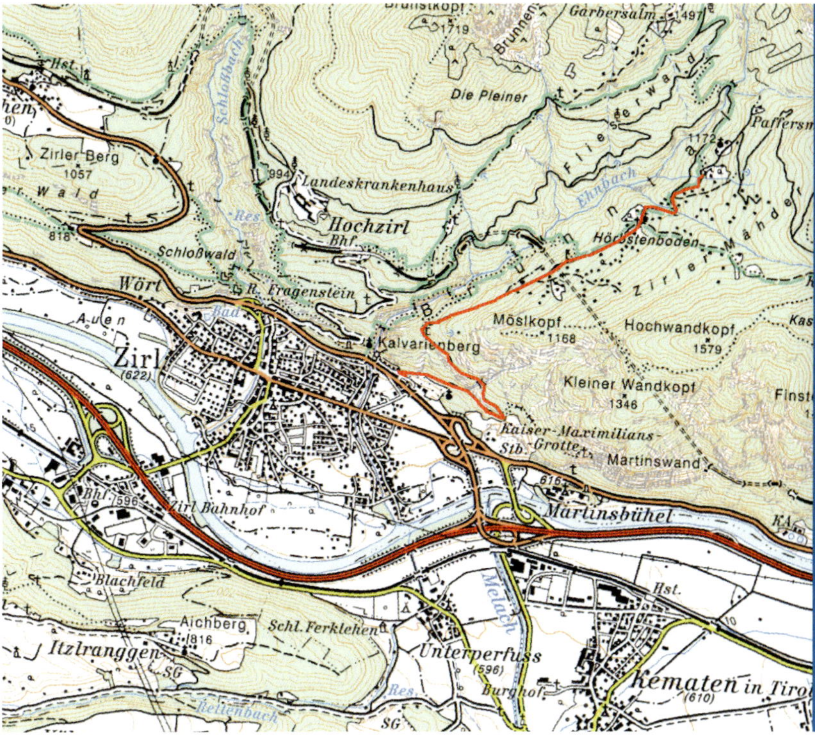

31 Rangger Köpfl

→ **Aufstiegshilfe:** Lift

Am Rangger Köpfl westlich von Innsbruck erwartet die Besucher eine extra lange Rodelbahn, die mit einer abwechslungsreichen Abfahrt und vielen anspruchsvollen Kurven und Kehren punktet. Diese Route lässt das begeisterte Rodlerherz höherschlagen!

Ausgangspunkt: Oberperfuss, Liftparkplatz der Bergbahnen Oberperfuss, 856 m

Länge: 7,7 km

Höhendifferenz: 952 m

Gehzeit: 180 min

Kontakt: 05232/81505, Bergbahnen Oberperfuss

Das familienfreundliche Skigebiet Rangger Köpfl in Oberperfuss ist ca. 12 Kilometer von Innsbruck entfernt und verfügt über 17 bestens beschneite, leichte bis mittelschwere Pistenkilometer, wovon zwei zum Nachtskilauf genutzt werden können. Die zahlreichen Hänge des Gebiets werden über fünf Liftanlagen

erschlossen. Die neue 8er-Gondelbahn nach Stiglreith ist auch für alle Rodelbegeisterten interessant, denn mit ihr kann die erste Hälfte des Aufstiegs einer außergewöhnlich langen Rodelbahn mühelos bewältigt werden.
Der Aufstieg beginnt beim Parkplatz der Talstation. Man erspart sich die Hälfte der Gehzeit, wenn man mit der Bahn zur Station Stiglreith fährt. Diese Möglichkeit wird von vielen gerne in Anspruch genommen, was bei der außergewöhnlichen Gesamtlänge dieser Bahn auch kein Wunder ist. Wer trotzdem lieber zu Fuß startet, nimmt den Weg, der rechts von der Talstation parallel zur Straße verläuft. Nach eineinhalbstündigem Marsch erreicht man das Panoramarestaurant Stiglreith, bis zu dem auch die Bahn fährt. Die Aussicht über das Inntal nach Innsbruck und das Mittelgebirge bis in das Unterland ist bereits auf dieser Höhe ein beeindruckendes Erlebnis.Wenn man nicht mehr weiter gehen möchte, kann man auch ab hier eine schöne Rodelpartie zurück ins Tal starten. Seit 2004 ist dieser untere Teil der Bahn zweimal die Woche, jeden Dienstag und Freitag, beleuchtet. Doppelt so lange wird die Abfahrt allerdings, wenn man die Rodelbahn bis zur Rosskogelhütte weitergeht. Diese Strecke führt zunächst einen Kamm entlang und zum Ende hin in vielen Kurven bergaufwärts.
Von der Rosskogelhütte genießt man einen uneingeschränkten Panoramablick über das gesamte Inntal in Richtung Osten und auf die umgebende Bergwelt. Die großzügige Sonnenterrasse und die gute Verpflegung sind weitere Gründe für eine Einkehr in diese Hütte. Während der Abfahrt begleitet die Rodler eine tolle Aussicht. Zunächst fährt man in attraktiven Kurven steil bergab. Dann führt die Bahn gerade weiter nach Stiglreith. Dort gilt es bei der Querung der Piste vorsichtig zu sein. Der

weitere Verlauf der Strecke ist abwechslungsreich geführt und das Ende der Bahn ist direkt beim Parkplatz, was aus dieser Route eine schöne runde Sache macht.

Anfahrt: Von Innsbruck kann man Oberperfuss am schnellsten über die Inntalautobahn in Richtung Bregenz/Garmisch erreichen. Bei der Ausfahrt Zirl Ost abfahren und weiter über Kematen nach Oberperfuss. Hier folgt man der Beschilderung zum Rangger Köpfl. Am westlichen Ortsende befindet sich der große Parkplatz der Bergbahnen Oberperfuss. Zu diesem gelangt man auch mit öffentlichen Verkehrsmitteln direkt. Regelmäßig verkehren Busse, vom Hauptbahnhof aus, zwischen Innsbruck und Oberperfuss. Die Haltestelle „Oberperfuss Lift“ befindet sich unmittelbar unterhalb der Talstation.

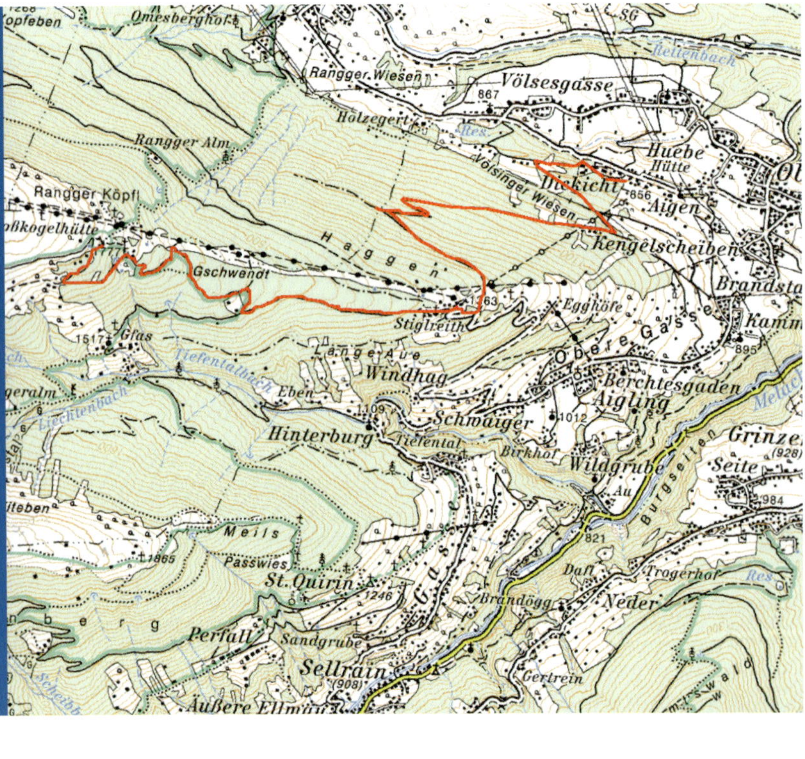

32 Strassberg

Der Weg nach Strassberg ist sehr sonnig gelegen, dadurch aber leider verhältnismäßig oft aper. Wenn sich die Rodelsaison schon dem Ende neigt, kann man hier aber mit dem Auto bis zur Schneegrenze fahren. Bei guter Schneelage ist die breite Rodelbahn mit schönen, nicht zu engen Kurven toll zu fahren.

Ausgangspunkt: Lehen, Ortsteil oberhalb von Telfs
Länge: 3,6 km
Höhendifferenz: 370 m
Gehzeit: 80 min
Kontakt: 0664/1168956, Berggasthaus Strassberg

Die Rodelbahn nach Strassberg ist quasi die Hausstrecke der Telfer. Nach Neuschnee bietet es sich an, aus Telfs schnell hier herauf zu kommen. Dann kann es die Schneelage auch zulassen, dass man schon von weiter unten als vom Ausgangspunkt, ganz selten sogar vom Ortszentrum, weggehen kann. Hinunter geht's dann über die verschneiten Wiesen. Der Aufstieg verläuft fast durchgehend im lichten Wald und wenn die Sonne scheint erwischt man hier fast immer ein paar Strahlen – so wie die Rodelbahn. Bei der ersten Weggabelung geht's rechts – Konditionsstarke, die die Rodel tragen, können auch geradeaus den Fußweg nehmen (die ersten Meter noch Forstweg). Die Steigung am Fahrweg ist sehr angenehm und ohne besonders steile Stücke. Nach einigen Kehren wird es flacher, kurz vor dem Strassberghaus geht es dann nur mehr gerade durch ein längeres Flachstück, dann ist das Ziel erreicht. Manchmal ist auch der Weg noch weiter in Richtung der oberhalb gelegenen Alplhütte geräumt und man kann die Rodeltour noch weiter ausdehnen. Einfach dem Weg und der Beschilderung folgen. Die Hütte ist ausreichend groß und hat draußen auch eine feine Sonnenterasse. Was hier heroben beeindruckt ist die Ruhe – man hört kein Rauschen von Autobahn oder Stadt. Auf der Lichtung ist genug Platz für die Kleinen zum im Schnee Spielen und die

Großen genießen die Sonne und die Aussicht auf die Hohe Munde. Bevor es richtig bergab geht, muss man zuerst das Flachstück wieder retour gehen. So ist man aufgewärmt, falls die Sonne nicht scheinen sollte. Dann geht's aber sehr toll in schönen Kurven und in gleichmäßiger Steigung dahin. Am Anfang stehen die Bäume noch enger, dann wird die Bahn aber sehr übersichtlich und man sieht durch den lichten Wald weit nach vorne. Ein kurzes Flachstück in einer Kurve sollte mit genug Schwung durchzufahren sein, ansonsten Genuss pur. Außerhalb der Rodelzeiten muss auf dieser Bahn mit Fahrzeugverkehr gerechnet werden.

Anfahrt: Inntalautobahn nach Telfs, hinauf in den Ortsteil Lehen (Beschilderung Gasthof Lehen/ Strassberg), am Gasthof Lehen vorbei, nach ca. 200 Meter Parkmöglichkeiten neben der Straße. Wer beim Gasthof Lehen fragt und anschließend dort einkehrt, kann auch dort parken. Wenn der Rodelweg aper ist, kann man auch noch weiter hinauffahren.

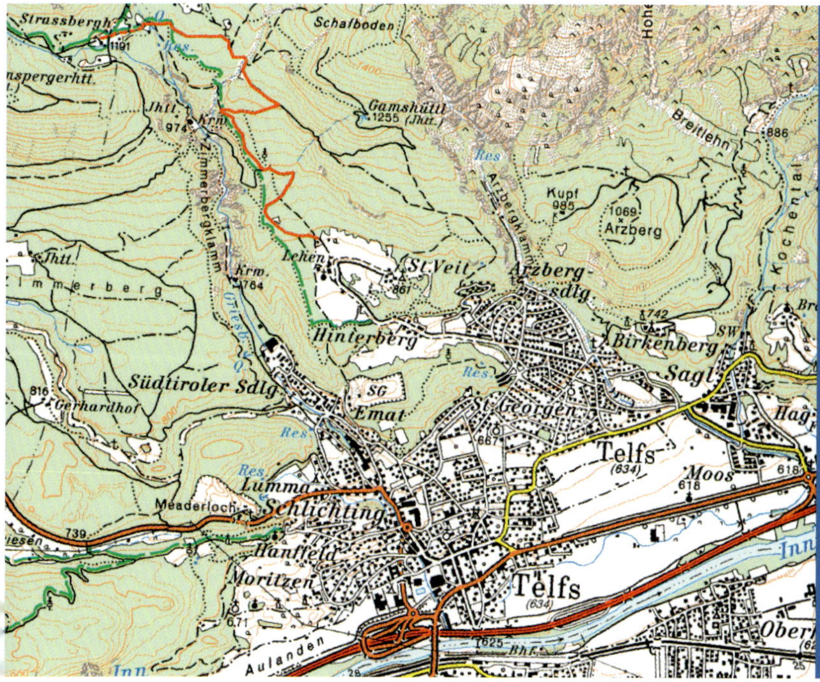

33 Simmeringalm

Zwischen dem Inntal und dem Mieminger Plateau erhebt sich der Simmering – ein breiter, gemütlicher Berg mit ausgedehnten Almwiesen am Gipfelplateau. Hier, knapp über der Waldgrenze, liegt in sonniger Lage die Simmeringalm, zu der eine der längsten Rodelbahnen in der Umgebung von Innsbruck führt.

Ausgangspunkt: Talstation Grünberglift bei Obsteig, 1031 m

Länge: 6,4 km

Höhendifferenz: 780 m

Gehzeit: 120 min

Kontakt: 0664/5080004, Simmeringalm (bis Weihnachten nur Freitag bis Sonntag geöffnet)

Der Simmering (2.096 m) ist eine der schroffen Mieminger Kette vorgelagerte, breite Kuppe zwischen Mieminger Plateau und Inntal. Auf den ausgedehnten Almwiesen rund um die Simmeringalm grasen im Sommer die Kühe – im Winter finden hier konditionsstarke Rodelfreunde,

denen ein Aufstieg von knapp 800 Höhenmetern keine Probleme bereitet, eine genussvolle, abwechslungsreiche Rodelbahn mit einer gemütlichen Einkehr am Ziel.
Der Ausgangspunkt der Tour liegt nahe der Talstation des Grünbergliftes. Der erste Teil der Rodelbahn bis zu einem kleinen Sattel quert zweimal die Skipiste, hier ist besonders bei der Abfahrt besondere Vorsicht angebracht. Es folgt ein kleines Flachstück, bei dem man die Rodel auch bergab meistens kurz schieben muss. Dann geht es in einigen Kehren durch den Wald weiter bergauf. Nach etwa zwei Stunden tritt man aus dem Wald heraus und erreicht die weiten, sonnigen Almwiesen. Wenige Minuten später hat man auch die Almhütte erreicht, wo einen der Hüttenwirt meist mit einem Begrüßungsschnapsl in Empfang nimmt.
Eine Einkehr und Rast in der gemütlichen Alm ist zu empfehlen, um Kräfte zu sammeln für die Abfahrt - mit über 6 Kilometer Weglänge zählt diese abwechslungsreiche Rodelbahn zu den längsten Rodelbahnen, die man in der näheren Umgebung von Innsbruck findet – insgesamt ist man etwa eine halbe Stunde bergab unterwegs, und um seine Rodel durch die vielen Kurven und Kehren zu steuern, braucht man nochmals ordentlich Kraft und Ausdauer.
Da der Hüttenwirt der Simmeringalm die Bahn regelmäßig und vor allem nach Schneefällen mit

dem Skidoo walzt, ist die Bahn meist in einem hervorragenden Zustand – lediglich im unteren Teil können kurze Passagen im Wald vereist sein, hier ist ebenso verstärkte Aufmerksamkeit angebracht wie bei den Querungen der Skipiste. Da die Rodelbahn nicht beleuchtet ist, sollte man außerdem darauf achten, rechtzeitig mit der Abfahrt zu starten, damit man nicht in die Abenddämmerung kommt – das Rodeln bei Dunkelheit ist auf dieser Strecke ausdrücklich untersagt!

Anfahrt: Von der Inntalautobahn bei der Abfahrt Mötz abfahren und aufs Mieminger Plateau. Wenn man die Mieminger Bundesstraße erreicht hat nach links bis Obsteig. Beim westlichen Ortsende von Obsteig links ab Richtung Grünberglift. Kurz bevor man den Lift erreicht hat, leitet eine Abzweigung nach rechts in den Wald, wo sich der Start der Rodelbahn befindet. Hier stehen ausreichend Parkplätze zur Verfügung.

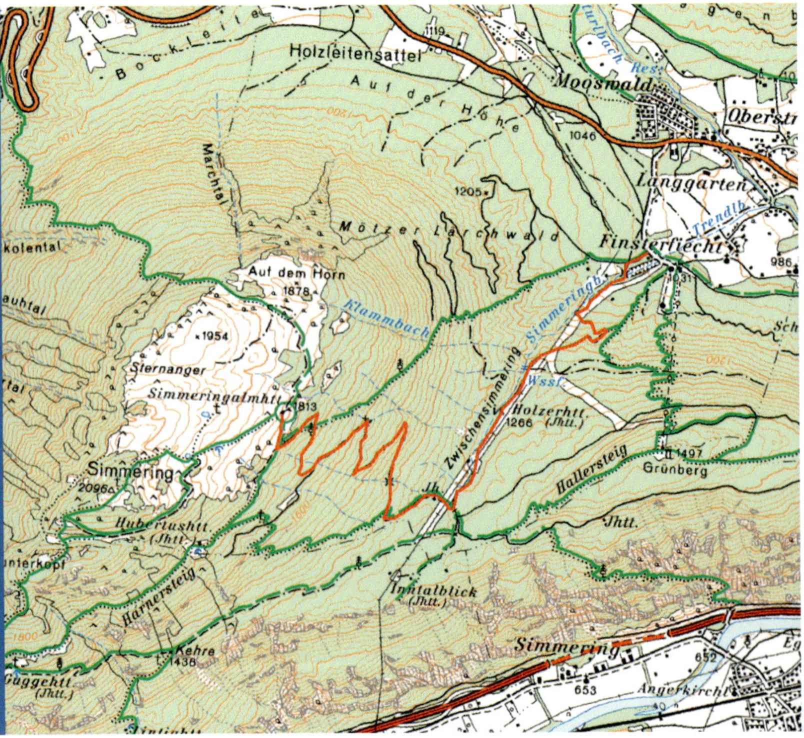

34 Lehnberghaus

→ Aufstiegshilfe: Rodeltaxi

→ getrennter Aufstiegsweg

Diese schneesichere Rodelroute im Oberland ist für Familien mit Kindern bestens geeignet und auch für erfahrene Rodler ein gemütlicher und landschaftlich reizvoller Ausflug. Das lohnende Ziel des Aufstiegs ist das Lehnberghaus, bei dem Ein- und Zweisitzerrodeln geliehen werden können.

Ausgangspunkt: zwischen Obsteig und Holzleitensattel, Parkplatz beim Gasthof Arzkasten, 1150 m

Länge: 3,4 km

Höhendifferenz: 400 m

Gehzeit: 60 min

Kontakt: 0676/5344791, Lehnberghaus (Dienstag Ruhetag)

Der Ausgangspunkt beim Gasthaus Arzkasten ist für Sportler aus drei verschiedenen Disziplinen die richtige Anlaufstelle: Langlaufloipen starten direkt beim Parkplatz ebenso wie eine wunderschöne Skitour auf die Wankspitz und eine attraktive Rodelroute Richtung Lehnberghaus. Letztere bietet mit knapp 400 Höhen-

metern einen schönen Kompromiss zwischen gemütlichem Familienausflug und sportlicher Herausforderung. Die Rodelbahn ist sehr schneesicher und wird von den äußerst engagierten Wirtsleuten sehr gut gepflegt.
Vom Parkplatz, der sich inmitten einer Lärchensiedlung befindet, startet der Aufstieg zum Lehnberghaus zunächst ziemlich eben. Nach den ersten paar Metern wandert man gleichen Weges mit den Skitourengehern, denen man am weiteren Verlauf der Strecke immer wieder begegnet. So gibt es für die Kleineren etwas zu Schauen und der Aufstieg wird ihnen nicht zu langweilig. Nach dem flachen Beginn des Weges – ideal für den Einstieg – führt die Bahn rechts vom Bach weg und wird langsam steiler. Im Anschluss an eine Linkskehre mit Aussicht Richtung Süden geht es taleinwärts entlang weicher Kurven bergan. Geradeaus hat man den Grünstein und die Höllreise im Blick, bald auch die Wankspitz, wo man die Tourengeher beim Gipfelkreuz abfellen sieht.
Die Hütte ist trotz gehöriger Größe sehr gemütlich, rauchfrei und urig. Bei Sonnenschein lässt es sich wunderbar auf der Terrasse erholen und Kinder können sich auf der weiten Fläche vor der Hütte austoben. Eine Besonderheit des Lehnberghauses ist der Verleih von Ein- und Zweisitzerrodeln, die man beim Parkplatz im Tal zurückgibt.
Auf den ersten Metern der Abfahrt beschleunigt man gleich ohne viel

anschieben zu müssen. In sanften Kurven geht's zwischen Felswand und Wald bergab. Während der Fahrt scheint einem die Sonne wärmend aufs Gesicht und man kann die Aussicht auf das Mieminger Plateau bis hinein ins Gurgltal genießen – was will man mehr!

Anfahrt: Von Innsbruck kommend nimmt man die Inntalautobahn in Richtung Bregenz/Garmisch und fährt bei Mötz in Richtung Fernpass/Reutte/Mötz ab. Der Beschilderung folgend geht's nach Obsteig. Durch die Ortschaft durch und nach ca. 500 Metern rechts nach Arzkasten abbiegen. Dieser Weg führt durch den Wald bis zum großen gebührenpflichtigen Parkplatz beim Gasthaus Arzkasten. (Wenn dieser besetzt ist, gibt es etwas weiter westlich einen zusätzlichen Parkplatz.) Auch mit öffentlichen Verkehrsmitteln ist diese Rodelbahn zu erreichen. Busse des Tiroler Verkehrsverbunds fahren vom Innsbrucker Hauptbahnhof aus nach Obsteig. Steigt man bei der Haltestelle „Obsteig/Mooswaldsiedlung" aus, sind es noch ca. 15 Gehminuten bis zum Beginn der Rodelbahn. Diesen findet man am einfachsten, wenn man den Wegweisern zum Gasthaus Arzkasten folgt, welches direkt am Routenbeginn liegt.

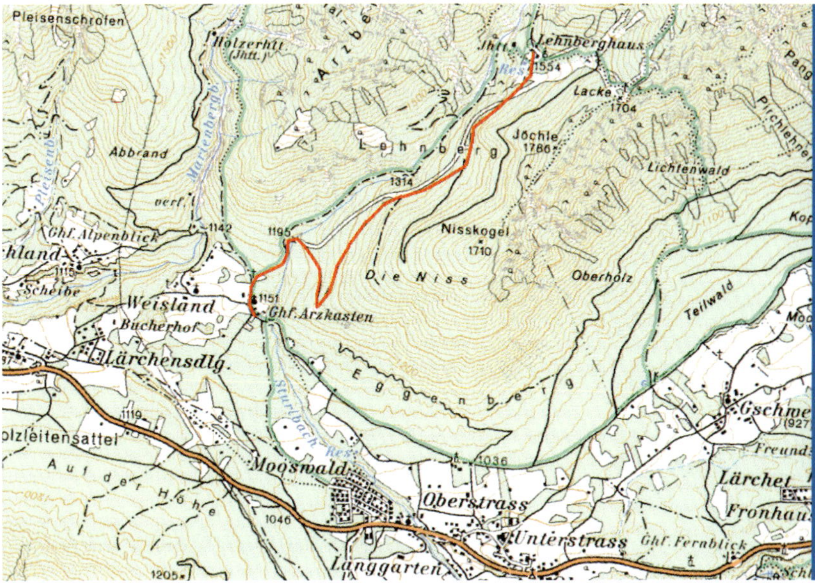

35 Reitherjochalm

Diese Rodelroute führt zur rustikal-gemütlichen Reitherjochalm am Seefelder Plateau. Von dort kann man seinen Blick über die schneebedeckten Gipfel der Stubaier Alpen, die Mieminger Kette, die Schneefelder der Zugspitze und die Rückseite des Wettersteins wandern lassen.

Ausgangspunkt 1: bei der Querung der Bundesstraße mit der Eisenbahn, unterhalb des Ichtyolwerks, 1210 m

Ausgangspunkt 2: Parkplatz der Bergbahnen Rosshütte, 1234 m

Länge: (1) 4,5 km, (2) 3 km

Höhendifferenz: 300 m

Gehzeit: 60 min

Kontakt: 0664/4502390, Reitherjochalm

Kurz und gut, das ist ein Rodelausflug auf die Reitherjochalm. Man kann hier je nach Schneelage zwischen zwei Varianten wählen. Wenn es schon länger nicht mehr frisch geschneit hat und eher eisige Verhältnisse herrschen, wählt man besser die langsamere vom Ausgangspunkt 1, bei Neuschnee ist die steilere Variante

vom Ausgangspunkt 2 zu empfehlen.
Beim Start von Ausgangspunkt 1 folgt man dem Forstweg, der hier nur mäßig ansteigt und bei langsamen Schneeverhältnissen gar nicht befahrbar ist, für gut 1,5 Kilometer Richtung Norden. Bei der ersten Kehre vereinigt er sich mit der Variante von Ausgangspunkt 2 bei den Bergbahnen Rosshütte, von wo der Weg sehr steil taleinwärts führt – bei eisigen Verhältnissen ist diese Variante nur schwer begehbar.
Beim Anstieg direkt vom Parkplatz der Bergbahnen Rosshütte aus (2) geht es gerade taleinwärts und gleich nach dem Beginn steigt der Weg sehr steil bergan. Bei Eis ist diese Variante nur mit Steigeisen und Pickel zu empfehlen. Bald vereinigen sich beide Anstiege und führen an der Liftstation vorbei nunmehr gemächlich ansteigend zum Ziel.
Hier wartet Familie Marthe mit Tiroler Köstlichkeiten auf. Wenn man nicht gerade zur Mittagszeit zugleich mit vielen Skifahrern unterwegs ist, findet man auf der Jochalm bestimmt ein heimeliges Plätzchen. Auf dieser rustikalen Alm genießt man die gemütliche Stimmung einer klassischen Skihütte. Man kann sich aber nicht nur erholen und für die bevorstehende Abfahrt stärken, sondern auch Rodeln ausleihen.
Der Weg zurück ins Tal ist, vor allem wenn man das Auto beim Ausgangspunkt 1 stehen hat, ziemlich flach und bei Neuschnee muss ordentlich Schwung geholt werden. Wer sein Auto am großen Parkplatz des Skigebiets Rosshütte (2) stehen hat, darf die Abzweigung nicht verpassen. Ab dieser wird es sehr steil und nur die wenigsten werden hier ohne zu bremsen durchfahren.
Nach diesem kurzen Rodelausflug bietet die Olympiaregion Seefelder Plateau noch eine Reihe von Attrak-

tionen, um den Tag gemütlich ausklingen zu lassen – so kann man sich zum Beispiel bei einem Besuch im Schwimmbad oder in der Sauna im Olympia Sport- und Kongresszentrum im Ortszentrum von Seefeld aufwärmen und erholen.

Anfahrt: Seefeld erreicht man von Innsbruck kommend über die Inntalautobahn Richtung Bregenz/Garmisch, der man bis zur Ausfahrt Garmisch/Seefeld folgt. Über die Bundesstraße fährt man weiter bis nach Seefeld.
(1) In Seefeld zweigt dort, wo die Bundesstraße die Eisenbahn quert, rechts, ziemlich unvermittelt, eine Straße durch die Bahnbrücke ab. Nach ein paar hundert Metern beginnt, unterhalb vom Ichtyolwerk, der Rodelweg.
(2) Der Weg zum Skigebiet Rosshütte ist in Seefeld bestens beschildert. Dort befindet sich ein großer kostenpflichtiger Parkplatz. Unterhalb beginnt die steilere Variante dieser Route.
Mit der Mittenwaldbahn ist Seefeld bequem in einer halben Stunde erreichbar. Vom Bahnhof Seefeld ist die Bahn in 15 Gehminuten erreicht. Da in Seefeld oft genug Schnee auf den Gehsteigen liegt, braucht man am Rückweg die Rodel nicht tragen.

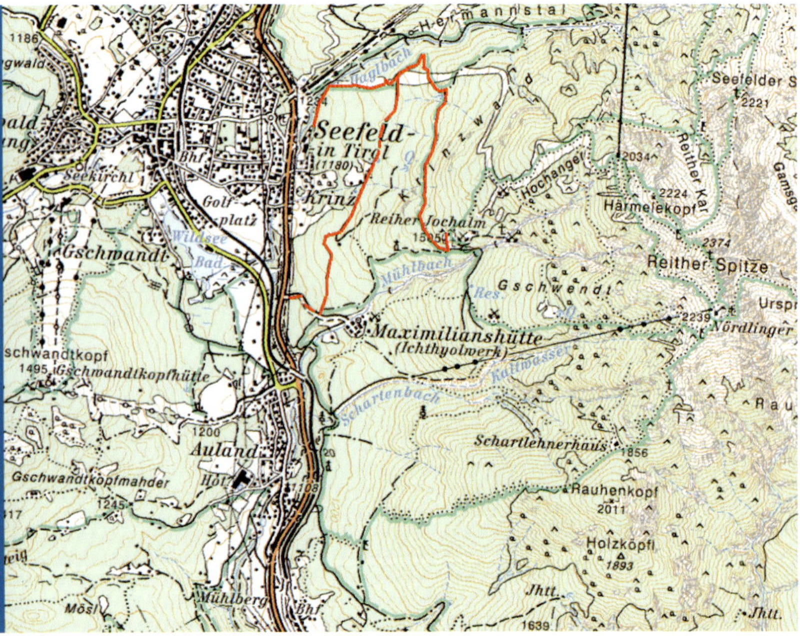

36 Rauthhütte

Inmitten einer tief verschneiten Winterlandschaft liegt die Rodelbahn der Rauthhütte am Fuße der Hohen Munde. Hier genießt man einen atemberaubenden Blick auf das Wettersteingebirge und das westliche Karwendel. Die anspruchsvolle Steigung der Bahn erfordert Kondition und Geschick auf der Rodel.

Ausgangspunkt 1: Parkplatz bei der Talstation des ehemaligen Mundelifts, 1177 m
Ausgangspunkt 2: Café Sabine in Leutasch, Richtung Mösern, 1170 m
Länge: 2,7 km
Höhendifferenz: 435 m
Gehzeit: 90 min
Kontakt: 0664/2815611, Rauthhütte

In der beliebten Urlaubsregion Seefelder Plateau im Tiroler Oberland finden die Besucher zahlreiche herrliche Skipisten und Langlaufloipen. Darüber hinaus kann man hier auch eisstockschießen, wandern und mit Pferdeschlitten fahren. Auch für eine weitere Abwechslung abseits

der Pisten, das Rodeln, bieten sich in der Olympiaregion Seefelder Plateau viele Möglichkeiten. Unter anderem führt eine fahrtechnisch besonders interessante Rodelbahn von der Rauthhütte ins Tal, die mit sehr hoher Schneesicherheit aufwarten kann und meist gut gespurt wird. Es gibt zwei verschiedene Möglichkeiten, auf die Rauthhütte zu gelangen. Beide durch dichten Wald verlaufende Wege sind gleich lang und treffen einander auf halber Höhe.
(1) Bei der klassischen Variante beginnt der Aufstieg beim Parkplatz des Mundelifts, der mittlerweile stillgelegt ist. Die Piste allerdings wird präpariert und ist bei Tourengehern äußerst beliebt. Dieser Weg ist recht schmal, hält dafür aber viele Kurven bereit.
(2) Der Aufstieg vom Café Sabine aus ist breiter, dafür aber nicht so kurvenreich.
(1, 2) Anfänglich starten die Wege sehr flach und führen durch den meist tief verschneiten Wald. Gerade wenn sonst in Tirol wenig Schnee liegt, fühlt man sich auf dieser Route in ein Winterwunderland versetzt. Bei diesem Aufstieg ist es wichtig, dass man sich durch den flachen Beginn nicht zu einem zu hohen Tempo verleiten lässt, denn nach kurzer Zeit steigt die Strecke stark an und es macht sich bezahlt, wenn man seine Kräfte von Anfang an eingeteilt hat. Höhenmeter werden hier keine verschenkt! Zur Bewunderung der Hohen Munde, die über einem thront, bleibt erst oben Zeit.
Von der Rauthhütte aus hat man ein gewaltiges Panorama über das gesamte Seefelder Plateau, das für den harten Anstieg mehr als entschädigt. An schönen Wochenenden ist die Hütte sehr beliebt, dank der großzügigen Terrasse ist aber ausreichend Platz für alle Sonnenhungrigen.
Die Abfahrt beginnt sehr rasant und fordert sicheres Bremsen. Im unteren Bereich gleitet man dann

langsam durch die Flachstücke. Insgesamt eine anspruchsvolle Rodelroute mit gewaltiger Aussicht.
Bei Lawinengefahr kann die Strecke gesperrt sein. In diesem Fall wird als Alternative entlang der ehemaligen Skipiste eine Ersatzrodelbahn präpariert.

Anfahrt: Den eigentlichen Ausgangspunkt, die Talstation des ehemaligen Mundelifts, erreicht man von Innsbruck kommend über die Inntalautobahn in Richtung Bregenz/Garmisch. Von der Autobahnausfahrt Telfs Ost fährt man weiter nach Mösern/Leutasch, zweigt auf halber Höhe links ab Richtung Leutasch und folgt dann, wenn man das Leutascher Plateau erreicht hat, der Beschilderung zum Parkplatz Rauthhütte links des Mundelifts (Langlaufstartplatz). Alternativ kann man auch ein Stück weiter bis zum Ortsteil Obern fahren und beim Café Sabine parken.

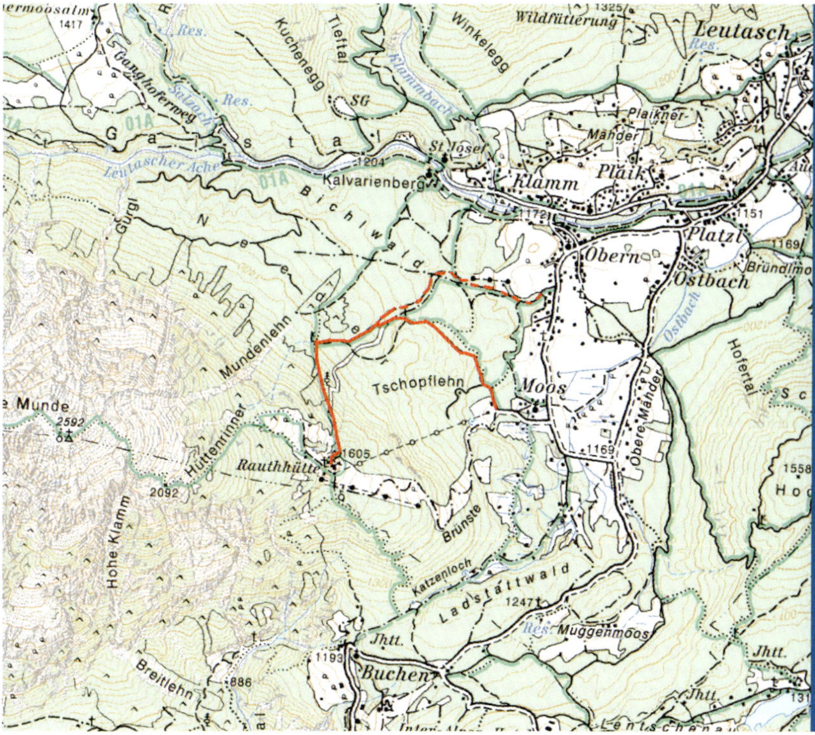

37 Wettersteinhütte

Die Wettersteinhütte imponiert durch einen herrlichen Panoramablick auf Leutasch, das Gaistal und die umliegende Bergwelt. Von ihr führt eine rasante und anspruchsvolle Abfahrt mit steilen Passagen ins Tal herunter – eine echte Herausforderung für Könner auf der Rodel!

Ausgangspunkt: Leutasch, Parkplatz Gaistal, 1167 m
Länge: 4 km
Höhendifferenz: 550 m
Gehzeit: 90 min
Kontakt: 0664/4153747, Wettersteinhütte

Das Gaistal liegt inmitten des Seefelder Plateaus, ca. 25 Kilometer nordwestlich von Innsbruck. Dieses wunderschöne Hochgebirgstal wird von der Leutascher Ache durchzogen und ist ein einzigartiges Almenparadies. Die Landschaft am Talboden wird von Wiesen und Auen geprägt. In der Höhe bestimmen das Mieminger und das Wettersteingebirge die Aussicht. Eines der vielen lohnenswerten Ausflugsziele im Gaistal ist die Wettersteinhütte, zu der ein Weg führt, den man auch sehr gut berodeln kann. Zwar ist diese Rodelpartie ungewöhnlich anspruchsvoll und deshalb für kleine Kinder nicht geeignet, aber dafür beeindruckt sie durch ihre landschaftlichen Reize, besonders durch den traumhaften Ausblick über das sonnige Seefelder Plateau, umrahmt von der felsigen Bergwelt.

Der Aufstieg beginnt zunächst sehr steil, aber nach diesen ersten Metern führt die Bahn angenehm durch den lichten Wald. Im weiteren Verlauf der Strecke erreicht man ein längeres Flachstück, auf dem man seine Kraftreserven für den bevorstehenden Anstieg sammeln kann. Dieser lässt dann auch nicht mehr lange auf sich warten – eine enorme Steigung, auf der gegen Ende des Weges fast schon Steigeisen gefragt sind.

Der Lohn für diese Mühen ist die Einkehr in die attraktiv gelegene Wettersteinhütte. Sie befindet sich auf einem Bergrücken, umgeben von den Gipfeln der Hohen Munde, des westlichen Karwendels, der Stubaier und der Zillertaler Alpen. Die gute Verpflegung mit deftiger Tiroler Küche stärkt einen für die herausfordernde Abfahrt.

Diese ist eindeutig nichts für Anfänger. Zu Beginn muss man hart in den Bremsen stehen, denn die erste Hälfte der Bahn ist sehr steil und außerdem auch schmal.

Dann folgt ein Flachstück, für das man aus dem letzten Steilhang genug Schwung mitnehmen sollte. Im unteren Bereich der Strecke kommt dann eine Passage, bei der Absteigen angesagt ist. Aber gegen Ende ist die Bahn wieder angenehm zu befahren. Insgesamt ist diese Route vom Naturerlebnis her sehr schön, rodlerisch aber eher extrem.

Anfahrt: Von Innsbruck kommend nimmt man die Inntalautobahn in Richtung Bregenz/Garmisch. Man folgt ihr bis zur Autobahnausfahrt Telfs Ost und fährt anschließend in Richtung Leutasch. Dem Straßenverlauf und der Beschilderung entlang geht's immer weiter bergauf in die Leutasch hinein. Auf der Verbindungsstraße Telfs/Leutasch muss man auf die Abzweigung ins Gaistal achten und diese nehmen. Nach ca. 2 Kilometern folgt man rechts der Beschilderung. Im Gaistal befindet sich dann ein gebührenpflichtiger Parkplatz.

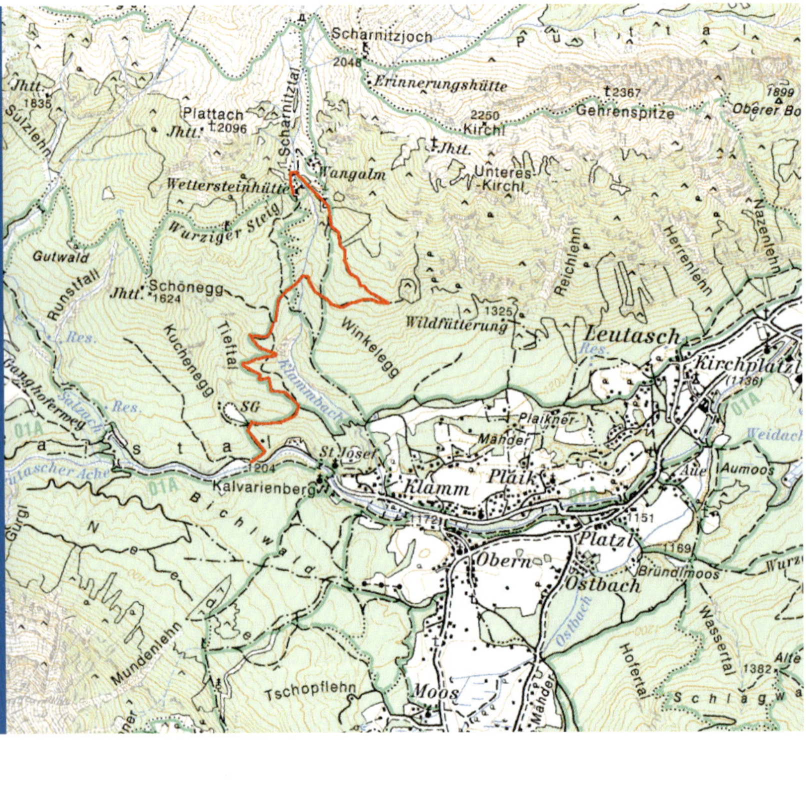

38 Hämmermoosalm

→ **größtenteils getrennter Aufstiegsweg**

Die absolut familienfreundliche Rodelroute der Hämmermoosalm liegt sehr schneesicher im herrlichen Gaistal. Diese breite und bestens präparierte Bahn ist ideal für Rodelanfänger, um erste Erfahrungen zu sammeln, und beeindruckt darüber hinaus auch erfahrene Schlittensportler mit einer reizvollen Landschaft.

Ausgangspunkt: Leutasch, Gaistal, Parkplatz Salzbach Nr. 5, 1250 m
Länge: 2,5 km
Höhendifferenz: 170 m
Gehzeit: 40 min
Kontakt: 0676/3337000, Hämmermoosalm

Die Hämmermoosalm liegt im wildromantischen Gaistal am sonnigen Seefelder Plateau 25 Kilometer nordwestlich von Innsbruck und ist ein ideales Ausflugsziel für Familien und Rodelanfänger. Trotz des eher kurzen und einfachen Hinwegs ist diese Alm umgeben von grandiosen

Bergpanorama und wird vor allem vom Anblick der Hohe Munde dominiert.
Der Aufstieg führt vom Parkplatz auf dem breiten Zufahrtsweg zur Alm zunächst auf eine kleine Anhöhe oberhalb der Leutascher Ache. Nach ca. 100 Metern, nach etwa zwei Gehminuten, zweigt rechts der Ganghoferweg ab, der als separater Pfad zur Hämmermoosalm hinauf genommen werden kann. Die Strecke ist am Anfang noch etwas steiler, stellt insgesamt aber einen schnelleren und ruhigeren Anstieg als die Bahn selbst dar. Nach kurzer Zeit hat man das dunkle Tal verlassen und kommt in den lichten Wald. Hier wandert man zwischen der Hohen Munde und dem mittleren Wettersteingebirge durch eine wunderschöne Landschaft. Nach einer knappen Dreiviertelstunde auf dem leicht ansteigenden Weg ist das Ziel erreicht.
Die großzügig ausgebaute Hämmermoosalm bietet genügend Platz und besitzt eine gemütliche Atmosphäre. Kinder können sich auf dem schneebedeckten Almboden im Umkreis der Hütte austoben und von der angenehmen Sonnenterrasse aus hat man sie

immer im Blick. Hier kann man sich mit kulinarischen Spezialitäten wie „Riesen Wiener Schnitzeln“, Knödeln, Kaiserschmarren und hausgemachten Kuchen verwöhnen. Gelegentlich finden auch Hüttenabende mit zünftiger Live-Musik statt.
Die Abfahrt auf der flachen Rodelbahn wird nicht allzu schnell, aber an sonnigen Tagen ist die Strecke oft stark frequentiert und außerdem fahren manchmal Kutschen der Bahn entlang hinauf – Vorsicht bei der Talfahrt ist also geboten! Für Familien ist der Rodelausflug zur Hämmermoosalm auf jeden Fall eine lohnende und nicht allzu weite Route.

Anfahrt: Von Innsbruck kommend nimmt man die Inntalautobahn in Richtung Bregenz/Garmisch. Man folgt ihr bis zur Autobahnausfahrt Telfs Ost und fährt anschließend in Richtung Leutasch. Dem Straßenverlauf und der Beschilderung folgend geht's immer weiter bergauf in die Leutasch hinein. Auf der Verbindungsstraße Telfs/Leutasch muss man auf die Abzweigung ins Gaistal achten und diese nehmen. Nach ca. 2 Kilometern folgt man rechts der Beschilderung. Das Gaistal fährt man auf der mautpflichtigen Straße bis zum Ende entlang und kann dort auf dem gebührenpflichtigen Parkplatz Salzbach Nr. 5 sein Fahrzeug abstellen.

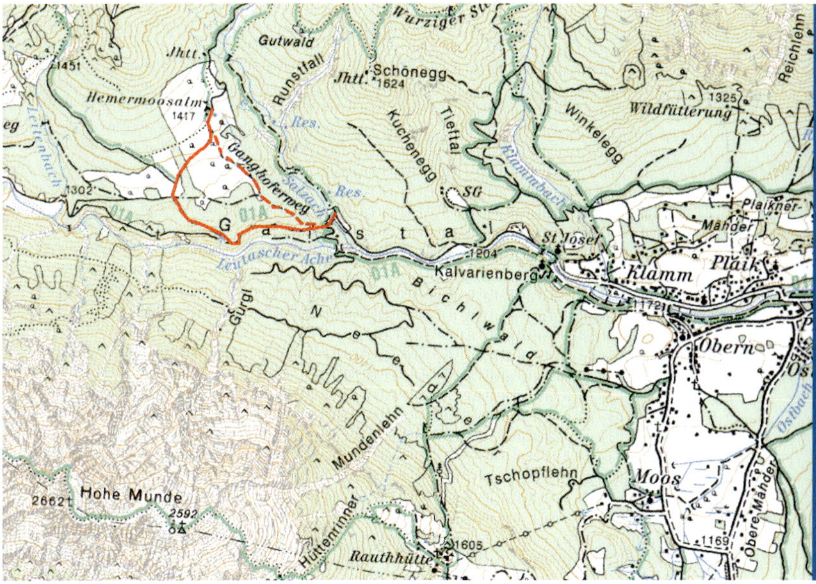

39 Hoher Sattel

Natur pur – so könnte man die Rodeltour auf den Hohen Sattel beschreiben. Dass es bei dieser Rodelbahn keine Einkehrmöglichkeit gibt, ist nicht unbedingt ein Nachteil – denn so ist diese Rodelbahn weniger stark frequentiert als viele andere, und man findet hier noch eine wirklich unberührte Winterlandschaft und viel Stille.

Ausgangspunkt: Leutasch/Ahrn, 1110 m
Länge: 3 km
Höhendifferenz: 385 m
Gehzeit: 80 min

Die Rodelbahn zum Hohen Sattel am Fuß des markanten Ahrnspitzen-Kammes ist so etwas wie ein Geheimtipp: Keine Alm, kein Berggasthaus lockt am Ende dieser Tour mit einer Einkehr – und das bedeutet, dass diese Rodelbahn deutlich weniger frequentiert ist als viele andere Bahnen

am Seefelder und Leutascher Plateau. So muss man zwar seinen Proviant selbst mitbringen und auf eine warme Gaststube verzichten – doch man kann die Stille der bezaubernden Winterlandschaft des Satteltales ungestört und abseits vom Trubel, der bei Berghütten oft herrscht, genießen.
Die Gegend von Leutasch gilt als eine der schneesichersten Regionen Tirols – so findet man auf dieser Rodelbahn, die zudem noch regelmäßig präpariert wird, meist den ganzen Winter hindurch perfekte Verhältnisse vor und nach Neuschneefällen taucht man gleich bei den ersten Schritten in ein winterliches Idyll mit verschneiten Bäumen und einem oft mit einer Eisdecke bedeckten Bergbach ein. Nur wenn Schneefälle über einen längeren Zeitraum ausbleiben, kann die Bahn manchmal etwas hart werden, dann heißt es, bei der Abfahrt besonders vorsichtig zu sein, denn die Absicherung dieser Rodelbahn ist nicht optimal.
Vom Ausgangspunkt, gleich nach einer Brücke auf der Straße zwischen Leutasch/Ahrn und Leutasch/Emmat, führt der Weg in mäßiger Steigung bergauf in das kleine Satteltal hinein. Die Bahn verläuft mit einigen Kurven taleinwärts und gewinnt so stetig an Höhe. Auf der linken Talseite hat man stets die markante Ahrnplattenspitze vor Augen, rechts führen bewaldete Hänge auf die Kuppe des Zunteregg hinauf. Erst

gegen Ende des Aufstiegs gibt es einige Kehren, dann hat man bald die Sattelhöhe erreicht, wo in einer schönen Lichtung eine kleine, unbewirtschaftete Jagdhütte steht. Die Abfahrt folgt dem Aufstiegsweg – Vorsicht ist besonders bei Engstellen auf entgegenkommende Wanderer wichtig.

Anfahrt: Den Ausgangspunkt erreicht man von Innsbruck kommend über die Inntalautobahn in Richtung Bregenz/Garmisch. Von der Autobahnausfahrt Telfs Ost fährt man weiter nach Mösern/Leutasch. Wenn man das Leutascher Plateau erreicht hat, folgt man der Bundesstraße entlang der zahlreichen Fraktionen von Leutasch immer weiter Richtung Norden (nicht nach rechts Richtung Neuleutasch/Seefeld abzweigen) bis zum Ortsteil Ahrn. Hier rechts abbiegen und auf einem kleinen Sträßchen bis über eine Brücke, gleich nach der Brücke stehen am Straßenrand einige Parkplätze zur Verfügung. Die Rodelbahn beginnt direkt bei der Brücke.

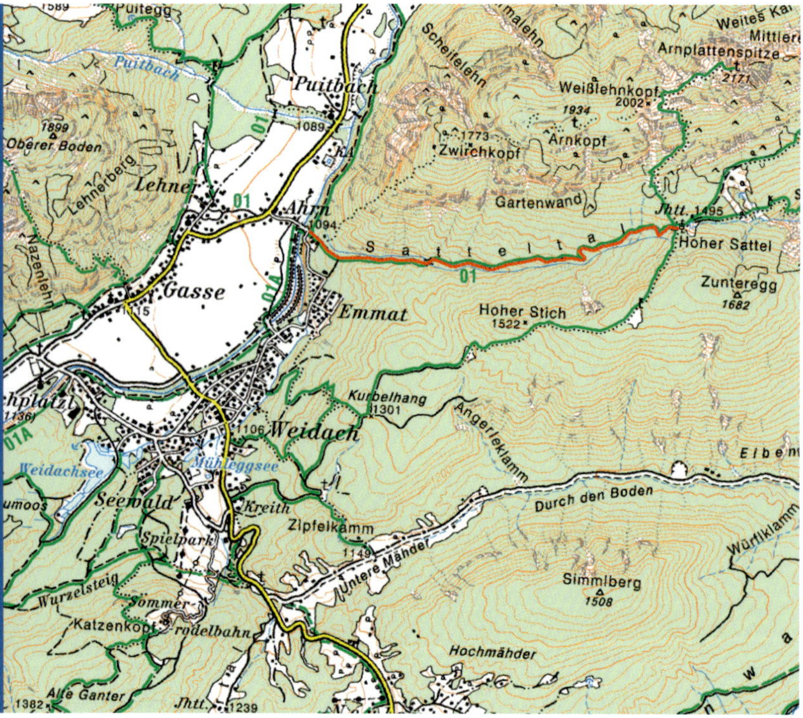

40 Mühlberg

Wo früher noch ein kleines Skigebiet war, ist heute nun nur mehr ein Rodelweg, und manch ein Skitourengeher nützt die lawinensichere ehemalige Piste. Ohne Einkehrmöglichkeit und etwas ab vom Schuss zählt diese Bahn sicher nicht zu den überlaufenen. Hier kann auch ein Teil der Familie die Tourenski, der andere die Rodel nehmen.

Ausgangspunkt: Parkplatz des ehemaligen Skigebiets Mühlberg in Scharnitz
Länge: 2,8 km
Höhendifferenz: 320 m
Gehzeit: 60 min
Kontakt: 05213/5302, Tourismusverband Scharnitz

Vom Parkplatz bei der ehemaligen Bergstation geht es erst einmal 5 Minuten dem Bahndamm entlang flach dahin, bis die Bahn links ansteigt. Dann geht es mit schöner Aussicht auf Scharnitz und die umliegenden Gipfel gleichmäßig hinauf. Aufpassen beim Rodelziehen: denn manchmal schauen im unteren Wegteil noch größere Steine durch. Der Weg teilt sich zweimal in eine steile und eine flache Variante, die sich aber gleich wieder treffen – alle Wege führen auf den Mühlberg! Nach mehreren Querungen der schon langsam zuwachsenden ehemaligen Skipiste wird der Weg zum Schluss noch einmal richtig steil. Hier braucht man noch genügend Kraft und Biss, denn man hat nun keine flache Variante mehr zur Auswahl: Man muss ca. 50 Meter fast schon klettern. Oben angekommen kann man sich auf einer der Bänke oder an der alten Liftstation windgeschützt in die Sonne setzen (hoffentlich!) und die Einsamkeit genießen.

Mit Schneeschuhen bietet sich auch an, etwas weiter hinauf zu wandern: einfach der Verlängerung der Rodelbahn entlang in den Wald, dort dem markierten Weg folgen.

Hinunter startet man gleich mit dem steilsten Stück. Hier sind gute Bremsfüße angesagt. Bei genügend Schnee kann man aber direkt über die ehemalige Skiabfahrt dem steilen Weg entgehen. Das Stück ist steil genug, dass man im tieferen Schnee super rodeln kann.

Für die Länge bietet die Bahn ein außergewöhnliches Kurvenerlebnis. Als ob Geraden nicht mehr

existieren, windet sich die Bahn bergab. Bei den beiden Gabelungen ist nur bei viel Neuschnee die steile Variante zu empfehlen. Gegen Ende muss man bei weniger Schnee auf die Entwässerungsrillen aufpassen – hier können Steine lauern. Gemessen an der Aufstiegsarbeit bietet die Bahn ein tolles Rodelvergnügen und wer die Einsamkeit liebt, findet hier sein Eldorado.

Anfahrt: Von Innsbruck kommend in Scharnitz noch vor der Kirche rechts, die Bahn am unbeschrankten Übergang queren und gleich wieder rechts. Dem Weg bis zum Parkplatz bei der ehemaligen Talstation folgen. Mit der Rodel dann weiter ca. 200 Meter dem Bahndamm entlang, bis der Rodelweg in einer Linkskurve ansteigt. Die Anfahrt ist auch bequem mit der Mittenwaldbahn möglich: Vom Bahnhof Scharnitz sind es ca. 10 Minuten Gehzeit bis zur Rodelbahn. Einfach dem südlichen Weg entlang der Schienen Richtung Innsbruck folgen. An der ehemaligen Talstation vorbei noch ca. 200 Meter, bis der Weg links ansteigt.

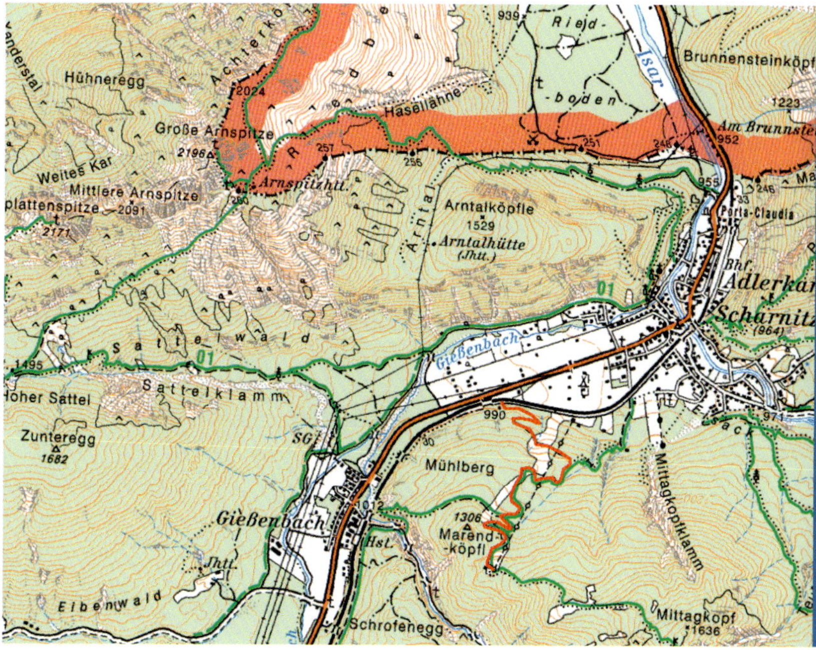

Routenübersicht nach Länge inkl. GPS-Daten

Nr.	Rodelbahn	Länge	GPS Start (Breite, Länge)
18	Obernberger See	1,6 km	47° 0‘22.45“N; 11°24‘7.74“E
24	Gleirschalm	1,6 km	47°12‘2.69“N; 11° 6‘2.66“E
15	Nösslachhütte	1,7 km	47° 3‘4.23“N; 11°28‘19.28“E
7	Heiligwasser	1,8 km	Weg: 47°12‘56.56“N; 11°25‘13.30“E; Lift: 47°13‘16.65“N; 11°25‘30.40“E
20	Padaun	1,8 km	47° 2‘17.96“N; 1°31‘10.87“E
12	Gleinser Höfe	2,2 km	47°10‘59.43“N; 11°24‘26.46“E
25	Graf-Ferdinand-Haus	2,5 km	47°12‘40.18“N; 11° 0‘55.77“E
27	Herzeben Alm	2,5 km	47° 6‘54.10“N; 11°19‘47.28“E
38	Hämmermoosalm	2,5 km	47°21‘55.09“N; 11° 5‘36.87“E
36	Rauthhütte	2,7 km	Lift: 47°21‘1.66“N; 11° 7‘5.06“E; Café: 47°21‘24.68“N; 11° 7‘22.72“E
40	Mühlberg	2,8 km	47°22‘58.75“N; 11°15‘20.05“E
35	Reitherjochalm – vom Liftparkplatz	3 km	47°19‘47.89“N; 11°12‘2.33“E
39	Hoher Sattel	3 km	47°22‘55.92“N; 11°10‘20.34“E
10	Birgitzer Alm – von Adelshof	3,2 km	47°13‘4.23“N; 11°17‘41.00“E
22	Fotsch – Bergheim	3,3 km	47°12‘7.07“N; 11°13‘11.47“E
34	Lehnberghaus	3,4 km	47°18‘47.23“N; 10°54‘9.47“E
4	Rinner Alm	3,5 km	47°14‘53.23“N; 11°30‘15.19“E
16	Sattelbergalm	3,5 km	47° 1‘31.86“N; 11°27‘43.11“E
29	Brandstattalm	3,5 km	47° 6‘58.75“N; 11°15‘0.49“E
13	Maria Waldrast	3,6 km	47° 8‘8.25“N; 11°26‘14.37“E
32	Strassberg	3,6 km	47°19‘29.88“N; 11° ,28.52“E
17	Stöcklalm/Naviser Hütte	3,8 km	47° 8‘11.80“N; 11°33‘10.72“E

Nr.	Rodelbahn	Länge	GPS Start (Breite, Länge)
1	Rumer Alm	3,9 km	47°17'29.07"N; 11°26'28.35"E
11	Axamer Lizum	3,9 km	47°13'18.30"N; 11°16'41.22"E
30	Brunntal	4 km	47°16'24.35"N; 11°15'14.45"E
37	Wettersteinhütte	4 km	47°21'51.68"N; 11° 6'24.07"E
9	Götzner Alm	4,1 km	47°13'46.16"N; 11°18'29.92"E
26	Sonnenstein	4,1 km	47° 8'31.38"N; 11°20'58.44"E
27	Issenangeralm	4,5 km	47° 6'54.10"N; 11°19'47.28"E
35	Reitherjochalm – vom Steinölparkplatz	4,5 km	47°19'7.65"N; 11°12'8.41"E
6	Patscher Alm	4,9 km	47°12'26.27"N; 11°25'4.43"E
2	Halltal	5 km	47°18'28.93"N; 11°31'8.09"E
5	Sistranser Alm	5 km	47°13'59.40"N; 11°27'6.05"E
8	Mutterer Alm	5 km	47°13'20.93"N; 11°22'10.35"E
14	Bergeralm	5 km	47° 5'14.06"N; 11°27'36.34"E
23	Juifenalm	5 km	47°10'18.50"N; 11° 8'43.92"E
19	Enzianhütte	5,6 km	46°57'47.49"N; 11°27'59.86"E
21	Kemater Alm	5,7 km	47°13'30.63"N; 11°15'11.71"E
28	Elferlifte	6,4 km	47° 6'39.63"N; 11°18'44.86"E
33	Simmeringalm	6,4 km	47°17'36.01"N; 10°54'47.07"E
10	Birgitzer Alm – von Birgitz	6,9 km	11°16'41.22"E; 11°18'7.92"E
3	Weidener Hütte	7,2 km	Innerst: 47°15'47.25"N; 11°41'44.43"E; Teglau: 47°15'33.39"N; 11°41'36.19"E
22	Fotsch – Furggesalm	7,4 km	47°12'7.07"N; 11°13'11.47"E
31	Rangger Köpfl	7,7 km	47°14'44.87"N; 11°14'17.21"E
22	Fotsch – Potsdamer Hütte	8,2 km	47°12'7.07"N; 11°13'11.47"E
27	Pinnisalm	9,4 km	47° 6'54.10"N; 11°19'47.28"E

Erlerstraße 10, A-6020 Innsbruck
e-mail: loewenzahn@studienverlag.at
homepage: www.loewenzahn.at

Bibliografische Information Der Deutschen Bibliothek
Die Deutsche Bibliothek verzeichnet diese Publikation in der Deutschen Nationalbibliografie; detaillierte bibliografische Daten sind im Internet über <http://dnb.ddb.de> abrufbar.

ISBN 978-3-7066-2430-5

Fotos: alle Florian Egger, Matthias Rössler, Elisabeth Russe und Philipp Spitzer, außer:
André M. Winter, www.geotrace.net: S. 43, 77, 78
TVB Wipptal: S. 62
Innsbruck Tourismus: S. 80
TVB Stubai: S. 72, 91, 93
Brandstattalm: S. 97
Peter Gspan: S. 99, 100
TVB Mieminger Plateau und Fernpass-Seen: S. 111
Olympiaregion Seefeld: S. 114
Peter Freiberger: S. 117, 118
Georg Sponring: S. 127

Kartenunterlagen: © BEV 2008, Vervielfältigt mit Genehmigung des BEV – Bundesamtes für Eich- und Vermessungswesen in Wien, T2008/50593.
Einzeichnen der Routen: Florian Egger

Buchgestaltung nach Entwürfen von Kurt Höretzeder
Satz: loewenzahn/Georg Rofner
Umschlag: loewenzahn/Stefan Rasberger
Tirol Logo © 2009/Tirol Werbung GmbH

Gedruckt auf umweltfreundlichem, chlor- und säurefrei gebleichtem Papier.

Hinweis:
Die einzelnen Angaben wurden vom Autor sorgfältig nach bestem Wissen und Gewissen zusammengestellt. Für die Richtigkeit der Angaben kann keinerlei Haftung übernommen werden. Rodeln und Wandern im alpinen Gelände erfolgen stets auf eigene Gefahr. Eine Haftung des Autors oder des Verlages für selbst erlittene oder anderen zugefügte Schäden ist ausgeschlossen.

www.tirol.at
Tirol
Ein Augenblick für immer.

Top 3

Rund um Innsbruck gibt es ja viele sehr tolle Rodelpartien. Jeder wird seine speziellen Lieblinge finden, oft auch von tollen Erinnerungen geprägt. Hier meine persönlichen Favoriten, auch wenn sich diese je nach Wetter- und Schneelage schnell einmal ändern können:

Birgitzer Alm

Eine Bahn mit mehreren Varianten und immer mit viel Engagement präpariert. Und weil die Alm auch am Abend meistens geöffnet ist, gehe ich hier sehr gern nach der Arbeit noch schnell rodeln.